广告专业“十三五”规划教材

21世纪广告学实用教材

广告法规与广告伦理（第二版）

崔银河 编著

中国传媒大学出版社

·北京·

目　录

第一章 《广告法》的立法目的与原则

本章重点：理解《广告法》的立法目的以及（新修订）《广告法》的条款，这是本章需要重点掌握的内容。

本章难点：真正了解并把握（新修订）《广告法》与原《广告法》的异同。

第一节 中国广告法制史回溯

学习广告法应该了解广告法的发展历史，了解历史就得知道我们的祖辈们在当年是如何立法的。

从广告法规史的角度研究，其实早在古代社会就有了广告法规及相关的自律条例，往前可追溯到原始社会，目前已经发现的、距今一万年前的内蒙古阴山岩画中有好几幅表现了当时人们放牧时应遵守的游牧规范，这些规范可被视作世界上最早的对行为习惯的规定，亦可被认为是行为法的萌芽。再往后，到唐代初期，唐太宗李世民亲自主持制定的《大唐律》对"诈伪"作出了明确的惩罚规定，这也是古代社会早期对商业交易行为中的诚信交易所作的法律层面的明确规定。

北宋的广告被认定为整个中国古代社会广告发展的一个高峰；但就在其广告健康发展的同时，虚假广告也随之出现在商业运作中，这也是广告的趋利本性所致。比如在"尹稿的《庸医行》中就揭露了当时的庸医及其虚假广告行为：'南街医工门如市，争传和扁生后世。膏肓可为死可起，瓦屑蓬根尽珍剂。岁月转久术转疏，十医九死一活无。北市医工色潜动，大字书牌要惊众。偏收弃药与遗方，纵有神方亦无用……'"①这些利欲熏心的不法之徒置他人性命于不顾，恬不知耻地做着虚假广告，"争传和扁生后世""膏肓可为死可起"，实际上却是"瓦屑蓬根尽珍剂"，结果，"十医九死一活无"。除了药品、医疗广告外，当时就连文具类商品也有

① 张金花：《论宋代商人的广告自觉》，《浙江社会科学》，2004 年第 4 期。

人在其质量毫无保证的情况下,肆无忌惮地夸大其辞做广告,严重损害了消费者的利益。"欧阳修曾描述东京相国寺东笔铺广告'京师诸笔工,牌榜自称述,累累相国东,比若衣缝虱',广告中大肆称颂的笔竟然都是'有表曾无实,价高仍费钱,用不过数日。'"[①]的劣质笔,作为消费者的欧阳修对于这类虚假广告深恶痛绝,讽之为"衣缝虱"。鉴于虚假广告在当时已经引起了老百姓极大的不满,宋代统治者曾下令各地要严查从商者用不实广告骗取钱财的行为。由这一事例亦可看出,从古至今,大到人命关天的医药,小到一支毛笔,都有人为利所诱,不知廉耻地做虚假广告,这就不得不引起人们的深思。

明朝时,统治者曾颁布了一个较前朝历代更加完整的法律——《大明律》,其中的《礼律》专门对老百姓应当遵守的伦理道德作出了法律层面的规范。比如《礼律》规定,如果有抢劫、强奸、偷盗等犯罪行为发生,听到有人呼救而不去帮忙营救者,一律被判处收监。

到了清朝,清朝政府曾专门出台了一个法规《圆明园内拟定铺面房装修拍子以及招幌子则例》,简称《则例》。"《则例》将茶馆招牌、纸马铺的门神幌子、油盐铺的酱醋牌广告等,及一些柜台上摆设的招财童子、狮子麒麟、和合二圣等饰物的长宽高尺寸、用工用料等都一一列清,以满足皇帝'欲周知民间风景之意也。'"[②]这个《则例》可被看作古代社会较早的一个广告法规。

辛亥革命后,国民党交通部在 1937 年 4 月 12 日公布施行的《民营广播电台违背〈指导播送节目办法〉之处分简则》中除了对广播节目的内容及性质作出限定外,还特别对非法广告内容作出了限制规定,指出,"违禁物品或违禁出版品之广告"、"危害身心之药物或场所之广告"等若擅自播放,"得予以警告"。1937 年 4 月 12 日抗战全面爆发前夕,国民党交通部公布施行的《播音节目内容审查标准》还把"违禁物品或违禁出版品之广告"、"危害身心之药物或场所之广告"列为"应予修正或全部禁止"的范围。

从资料记载来看,早在旧中国就有了广告管理方面的相关法律规定。比如在 20 世纪 20 年代制定的《民律法案》对广告的效果、解释、撤销、悬赏等作了 16 条具体规定。到 20 世纪 30 年代,当时的国民党政府又先后颁布了《修正取缔树立广告的办法》《户外广告物张贴法》等广告管理法规。在这些广告法规中,特别对违法广告的取缔、户外广告(尤其是广告传单和招贴广告)的张贴办法等作出了详尽的规定,这些规定在一定程度上遏制了违法广告、虚假广告的蔓延。

---

① 张金花:《论宋代商人的广告自觉》,《浙江社会科学》,2004 年第 4 期。

② 由国庆:《再见老广告》,百花文艺出版社 2004 年版,第 7 页。

此后，不少广告组织根据广告人应当遵守的广告职业道德也先后制定了一些相关的行为规范或广告公约，这些行为规范或广告公约可被称为旧中国的广告行业自律。在对广告人的自我约束方面，这些行为规范或广告公约发挥了较大作用。比如1920年5月召开的“全国报界联合会第二次会议”上通过的《劝告禁载有恶影响于社会之广告案》就呼吁全国各地的各类报纸此后一律不要登载各种不良广告。20世纪30年代，不少报馆又各自制定了相应的广告自律条文。这些广告行业自律条文的制定，既让当时的虚假广告、违法广告失去了传播途径，又使得消费者利益得到了有力保护，在一定程度上促进了旧中国广告业的健康发展。

1949年后，中国进入一个当代发展社会，中国广告的法制化进程随着中国社会经济、政治、文化等各方面的发展及其要求，经历了一个由简单、局部管理到逐步走上法制化轨道的过程。新中国成立后，国内各大中城市立即着手对广告业进行整顿，取缔了国民党政府发布的广告管理法规，并先后制定颁布了一些新的广告管理办法和规定。1949年12月，上海市人民政府公布了《广告管理规则》，对新中国成立后如何在上海从事广告活动作了具体规定。规定凡是在上海“经营广告业务之广告商，应有固定场所及经营业务，并应向公用局申请领许可证，凭此向工商局请领工商登记证，方得营业”。早在此前的1949年4月，天津市公用局就已经制定了与此内容相似的《管理广告商规则》。西安与广州等地也分别在1950年、1951年先后制定了针对本地实际情况的广告管理规则，这使得新中国的广告业在发展之初就有了可依之法。新中国成立之初也是广告法制建设的起步阶段，这一时期广告法制建设特征明显——以地方行政规定和措施为主，国家法律、法规中基本未涉及广告管理方面的内容，不同城市的相关规定也不尽一致，各地规定中对广告管理更多的是强调政策上的相对独立性，此时所制定的所有广告管理法规均明显突出广告为政治服务、为社会主义服务的特点。

1959年5月，商业部发出《关于加强广告宣传和商品陈列工作的通知》。通知中说“各种形式的商业广告都应该为政治，为生产，为消费者，为美化城市服务，以贯彻国家政策和真实、美观、经济、适用为原则，力求做到生动活泼、健康美观、鲜明乐观和通俗易懂”。同年8月，商业部又在上海召开全国21个大中城市商业广告会议，在会上再次提出“必须把商品宣传和政治宣传结合起来，做到具有社会主义的思想性、政策性、真实性、艺术性和民族风格”。尽管在这次会议上就如何搞好社会主义中国的广告活动进行了讨论，并举行了橱窗广告的展览与观摩。总起来看，新中国成立后的最初几年里，中央和地方性广告法规的制定对我国广告业的发展更多的是监督、管理与制约作用。

“文化大革命”前的十年，随着国民经济的快速增长和国家法制建设步伐的加快，广告管理的法制化进程进一步得到增强，并且有了共同特征，比如各大城市的广告管理法规、规章相继根据国家有关部门的指示做了趋于一致的修改、补充和完善，只是在仍然强调广告的第一要务是为政治服务的前提下，规定了广告应发挥其商品宣传的特性。从另一个角度来看，从 20 世纪 50 年代起，我国就开始实行社会主义条件下的计划经济体制，各个生产厂家，无论是国有体制的大中型企业，还是公私合营企业，所生产出来的产品全部由国家统一调配销售，因而所有的企业也就不用为自己产品的市场营销操心，他们的产品全部成了皇帝的女儿——不愁嫁。在这样一种经济运作体制下，企业自然无需为产品的市场营销大做广告。关于这一点，以《人民日报》为例就可以看出。从 1958 年 1 月 1 日到 1966 年 5 月 16 日，《人民日报》上几乎看不到生产厂家为自己产品所做的广告宣传，八年多的时间里，《人民日报》只是偶尔占用半个版面刊登几条革命故事片或革命现代样板戏在北京各电影院和剧院上映、演出的广告，或者《毛泽东著作选读》甲种本、乙种本已出版的书籍广告。

“文化大革命”的十年间，国家所有的法律法规均遭到了严重破坏，广告的商品宣传作用被彻底否定，已经制定并实行多年的广告管理规定被废除，新中国成立后所取得的所有广告法制建设成就也全部被批判、打倒、推翻。

新时期以来，我国广告法制建设取得了突出成绩，有了很大进展。1982 年 2 月，国务院发布了由国家经委和国家工商行政管理局共同起草的《广告管理暂行条例》，这也是新时期以来第一部在广告经营运作中应遵守的较完整的法规性文件。随后，国家工商行政管理局又制定发布了《广告管理暂行条例实施细则》和一系列更为专业、具体的行政规定。1987 年 10 月，在修改、补充、完善《广告管理暂行条例》的基础上，国务院发布了《广告管理条例》，1988 年 1 月国家工商行政管理局发布了《广告管理条例施行细则》，对《广告管理条例》作了全面细致的解释与补充。在以后的几年时间里，国家工商行政管理局单独或会同有关部门陆续修改、完善和制定了一批与《条例》、《细则》相配套的行政规章和规范性文件。纵观这一时期的广告法制建设，基本上完成了我国广告法制体系的大框架，由部门、地方制定行政规定上升到由中央、国务院来统一规划制定，广告监督管理工作也在全国范围内有了统一、明确的规范，即国家各级工商行政管理局为广告监督管理和广告行政执法机构；并初步形成了一个与之相配套的行政法规系统，即以《广告管理条例》为核心的广告法制体系，其内容涉及对广告经营资格的管理、对广告代理费标准的确立、对烟酒等商品广告的管理等方面的行政规定，这就为《广告法》

的制定打下了必要的理论和实践基础。

1990年初，国务院决定开展《广告法》的制定工作，并将具体事宜交由国家工商行政管理局负责。在接到这一任务后，国家工商行政管理局广告监管司从1991年开始，先后邀请了北京、上海等地高校的法学专家、学者数十人开始了长达3年的《广告法》制定工作。1994年6月，《广告法》修改稿由国务院常务会议通过，并正式送交全国人民代表大会常务委员会审议。同年10月27日，八届全国人民代表大会第十次常务委员会正式通过并于同日向外界公布了《中华人民共和国广告法》，决定《广告法》于1995年2月1日起正式施行。《广告法》的制定、颁布与施行，标志着我国的广告管理真正进入了法制化轨道。《广告法》是中国历史上第一部全面规范广告内容、广告活动与广告监督管理的广告法规，是新中国成立后的第一部社会主义性质的广告法。《广告法》的颁布实施，对于促进中国广告业在法制化轨道上的健康发展有着重要的现实意义和深远的历史意义。

《广告法》颁布实施后，广告法制体系开始发生重要的变化，《广告法》取代了此前实行的《广告管理条例》而成为广告法制建设体系的核心。为保证《广告法》的顺利贯彻实施，紧随其后，国家工商行政管理局单独或会同有关部门先后发布了50多个相关行政规章和规范性文件，内容涉及广告经营资格、广告发布标准、广告审查及广告收费管理、户外广告管理、特殊商品或服务广告的管理、电视节目中的广告插播、从业人员的技术培训与职称评定、广告代理制等许多方面。各省、直辖市、自治区政府和省、直辖市、自治区工商局也制定了60多项相应的地方性广告管理法规、规章。中国广告协会在1994年10月召开的第四次会员代表大会上还通过了我国第一部广告行业自律准则——《中国广告协会自律规则》。

但我们同时也要看到，《广告法》正式颁布实施后，随着市场经济的确立和快速发展，《广告法》中对于市场经济条件下的商业往来与广告活动的法律制约的具体条款缺失的情况越来越明显；从实质上看，《广告法》应该算是一部专业性的部门行政法，由于受部门行政法体例的约束，其内容存在着以下几方面局限：第一，《广告法》作为一部部门行政法，在内容上缺少中央政府对广告业发展规划方面的表述和对广告活动主体基本权利的表述。有关广告发布前的审查条款太少，尤其是广告发布前的审查程序与审查机构的规定较为模糊，这就使得相当一部分广告主钻了《广告法》的空子，更让一些见利忘义之徒轻易地逃避了广告审查而发布违法、虚假广告。第二，《广告法》中的内容所调整的对象侧重于商业、服务性广告，从整个内容上看更像是一部商业广告法，缺少了对社会性、公共类广告予以规范的法律条款。第三，《广告法》并未对广告活动主体违反《广告法》，从事违法广告活动时所应承担的刑事责任作出具体规定。第四,《广告法》对于违法、虚假广告的处罚过轻,尤其是针对名人代言虚假广告的处罚,条款未能作出具体规定。因此,在实践操作中常常起不到法律所应具有的威慑作用,这就大大削弱了这部广告法的法律效应。第五,《广告法》中未能针对网络广告、移动电视广告、手机广告等新媒体广告活动制定具体的法律规定条款,这就使得近些年来国家执法机关在对上述媒体中的违法广告传播行为进行处罚时无法可依,无形中加大了执法的难度,同时也使得一些不法分子有了可乘之机。不少见利忘义的商人、企业千方百计地钻法律的空子,用虚假宣传欺骗消费者,严重地损害了消费者的利益。在这种情形下,修订《广告法》就被提上了议事日程。从 21 世纪初开始,每年"两会"期间,都会有人大代表和政协委员提案,要求修订《广告法》;从 2004 年起,国务院开始了《广告法》修订的前期调研;之后,国家工商行政管理总局专门成立起了《广告法》修订调研小组,组织专家学者进行《广告法》的具体修订工作。此后,历经十年时间,《广告法》的修订工作终于全部完成,并于 2015 年 4 月 24 日经第十二届全国人民代表大会常务委员会第十四次会议通过 ,自 2015 年 9 月 1 日正式施行。

纵观我国广告法制化的进程可以看出,广告法制建设是我国整个经济建设中的一个重要组成部分,是维护社会主义市场经济秩序的强有力保障。有了以《广告法》为核心的广告法制体系,国家行政部门对广告业运作中的监督管理能力就得到了加强,就可以更好地规范广告业运作,更好地促进广告业健康、有序、规范化地发展,促进中国广告业与国际广告管理的融合与接轨。

同时,伴随着中国法制建设的日趋完善,广告法制体系的构架亦基本成形,到目前为止,已形成了以(新修订)《广告法》为主要法规,以《广告管理条例》为必要补充,以国家工商行政管理总局单独或会同有关部门制定的相应行政规章和规范性文件为具体操作依据,以地方行政规定为运作措施,以行业自律为补充的广告管理的立体式、分层次法制体系。

基于此,我们可以得出这样一个明确的认识,那就是《广告法》是体现国家保障广告业的正常运作、对其行使社会管理职能的一部非常重要的法律文本,它规范与调整的目标虽然着重在商业、服务性广告上,但却是我国境内所有从事广告活动的企业与个人所必须遵守的基本法则,其法律效力的涵盖面是其他广告法规所无法比拟的。《广告法》的主要内容有:广告立法目的和原则;广告活动和广告内容的基本要求;工商行政管理部门作为广告监督管理机关所应承担的责任;广告准则;广告活动主体资格的规范;设计、制作、代理、发布违法、虚假广告以及违反国家规定从事广告活动的法律责任等。

除了《广告法》外,《广告管理条例》在对整个广告业的运作管理上仍然发挥着一定的作用。因为《广告管理条例》并未对商业广告与非商业广告作出明确的区分,所以《广告管理条例》所制定的有关广告管理措施就自然适应于非商业性质的广告。依据《广告管理条例》,就可以对社会类、公益类广告施行管理,对某些违反行业规范的不正当广告行为给予必要的行政处罚。从这一层面来看,《广告管理条例》对于规范广告市场运作、制止不正当的行业竞争,同样发挥着重要作用。

此外,国家工商行政管理总局单独或会同有关部门制定了其他有关广告监督管理的行政规章、规定,如:《广告管理条例施行细则》《化妆品广告管理办法》《医疗广告管理办法》《酒类广告管理办法》等 60 多项。这些行政规定均是依据《广告法》《广告管理条例》的原则,针对那些对人民群众生命和身体健康息息相关的商品所做出的具体性规定,因而这些法规有着很强的目的性和可操作性,在我国广告法制体系中发挥着重要作用。这些行政规定一直处于边施行、边修改补充、不断充实完善的过程中,是我国广告法制体系中的一个重要组成部分。

一些地方管理部门也制定了不少广告管理方面的行政规定,比如:广东、湖北、山东等省制定的户外广告管理规定,甘肃、福建等省制定的广告监督管理条例,北京、上海、广东等省市制定的对特定广告活动或商品服务广告予以规范的行政规定,等等。在全国广告业发展水平不平衡、广告管理工作基础不尽一致的情况下,各地有针对性地制定一些应对本地区实际问题和处理群众反映较强烈的某些违规广告问题的地方性广告管理法规,是完全符合人民群众的利益的,更是对《广告法》的必要补充。

在完善广告活动中的行业自律方面,中国广告协会制定了《中国广告协会自律规则》,中国广告协会四届三次理事会于 1996 年通过了《广告宣传精神文明自律规则》,国家工商行政管理局制定了《广告活动道德规范》等规范性文件,这些自律性的规则在约束广告行业组织成员的广告行为方面同样起到了重要作用,成为司法行政措施的重要补充。

其他一些与广告有关的法律、法规也在广告业的健康发展过程中发挥出了各自应有的作用。我们知道,广告作为一种经济活动和信息传播行为,同时也要受到国家《刑法》《民法》《民法通则》和其他经济、社会管理法律、法规的约束与规范,比如反不正当竞争、消费者权益保护、知识产权保护、合同管理、城市建设、交通、环保、医药卫生管理等。它们在规范广告活动方面均起着直接或间接的作用,是广告法制体系的有力支持。

从法律规范的内容来看,我国已基本构建起了多方位的法制体系。无论是从数量上看还是从具体内容上看,均已形成了较完备的广告法制体系。从总体上看,目前已经有以商业广告为主体的《中华人民共和国广告法》,兼容社会类、公共类广告的《广告管理条例》;有已陆续出台的《化妆品广告管理办法》《医疗广告管理办法》《广告显示屏管理办法》《印刷品广告管理暂行办法》《食品广告发布暂行规定》《房地产广告发布暂行规定》《关于加强融资广告管理的通知》等单项规章及规范性文件。这些法规从多方面对广告活动进行了规范。

程序性的规定主要有药品、医疗、医疗器械、农药、兽药等广告内容的审查标准、审查办法,《临时性广告暂行管理办法》《户外广告登记管理规定》《广告经营资格检查办法》等。

限制性规定主要有《烟草广告管理暂行办法》《酒类广告管理办法》《广播电视广告播放管理暂行办法》等。

资质条件方面的规定主要有《关于设立外商投资广告企业的若干规定》《广告经营者、广告发布者资质标准及广告经营范围核定用语规范》《广告审查员管理办法》等。

政策性规定主要有《关于加快广告业发展的规划纲要》《关于进一步加强境内企业在香港发布广告管理的通知》等。

如上所述,国家对广告进行监督管理的法律依据就是广告管理法规,我们在讲解其核心法律《广告法》的同时,必须兼顾与其配套的其他广告管理法规,在把握好《广告法》的同时抓住具体法律、法规的精髓并兼顾各个组成部分,理顺其相互间的关系,用广告法规有效地指导广告业的运作,促进中国广告业的健康发展。

毋庸置疑,广告管理法规在我国广告业的发展和广告监督管理工作中发挥着重要作用。具体讲主要有以下几方面:

第一,强化对广告活动的监督管理工作。广告管理法规是对广告活动进行监督管理的主要依据,具有国家强制力,能使对广告活动进行监督管理的监管体系制度化、规范化、法制化,保证各种广告活动有序地进行。

第二,为广告业的健康发展保驾护航。广告管理法规的制定可以有效地规范广告业运作,保护合法广告活动,打击违法虚假广告行为,保障消费者的利益,推动广告业沿着健康的方向发展。

第三,使整个广告监督管理工作协调有序地进行。广告业的业务运作涉及国家整个经济活动的方方面面,因而对广告的管理必然会关联到许多领域,必然会涉及如何明确各有关部门管理权限的问题。《广告法》规定,对广告实行监督管理的机关是工商行政管理机关。工商行政管理机关对中国境内的各类广告活动行使管理与监督职权，比如起草广告管理法律、法规，单独或会同国务院有关部门制定广告管理规章、规范性文件，依法监督管理广告活动的运作等。其他各有关部门的管理职责是在本系统或部门内贯彻执行广告管理法规，配合工商行政管理机关对该部门实行广告管理工作。这样的分工也就理顺了广告管理体制，协调好了各方面的关系，充分发挥出各部门的管理职能，有力地保障了广告业的健康发展。

复习思考题

1. 新时期以来制定的地方性广告管理法规主要有哪些？
2. 什么叫广告法体系结构？
3. 特殊商品的广告法规有哪些？
4. 请结合实例谈谈广告管理法规的作用。

第二节 《广告法》立法的目的

一、立法背景

中国广告业是随着市场经济体制的逐步确立而发展起来的一种新兴产业。广告业从1979年恢复至今，在30多年的时间里取得了举世瞩目的成就。全国广告营业额从1979年的100万元起步，到2014年底时已高达5600多亿元。广告公司从当年的不足10家(当时报社、电台、电视台基本不经营广告)发展为2014年年底的20余万家，广告从业人员也由当年的100多人增长为2014年年底的200多万人。在30多年的发展时期里，我国广告业的增长速度比同期国民经济的增长速度高出4-6倍，年均增长率达到40%，创造了世界广告史上的奇迹。现在，中国广告业已经发展成为一个具有一定规模，服务门类和媒介种类齐全，能够为社会主义市场经济的快速发展提供各类信息的高新技术产业。同某些发达国家相比，中国广告业在新时期这30多年里完成了国外一个世纪的发展历程。

其实早在20世纪90年代，国务院就把广告业定义为“知识密集、技术密集、人才密集”的高新技术产业。在这样的定位下，广告业取得了突飞猛进的发展。这对社会主义市场经济体制的确立与发展，对疏通商品流通渠道，指导消费，开拓国外市场起到了重要、积极的作用。但同时我们也应该看到，国内广告业在这30多年的发展历程中也出现了一些不容忽视的问题，比如1979-1981年广告业务刚刚恢复的那一时期，由于广告经营单位分别隶属于不同的部门，于是出现了多头领导、各自为政的经营格局。当时,国家还没有制定出统一的广告法律法规制度,业界在经营思想、经营道德等方面还没有树立起遵纪守法的自觉意识,不正当的广告经营行为屡有发生。比如有的广告经营单位为了追求利润,开始制作虚假广告,有意利用广告手段欺骗用户和消费者;有些媒体在经济利益的驱使下刊播违法、虚假广告。这些现象的发生严重损害了广大消费者的利益,同时也使得广告业的正常发展受到了一定的阻碍,广告应有的美好形象逐渐消失。不少低级庸俗、故弄玄虚、毫无创意的广告更让消费者产生了由喜爱广告到反感广告的心理转变;另外,个别外商来华开展市场营销活动发布广告时,其广告语言有意损害我国的民族尊严。为了根除以上现象,1982 年 2 月,国务院颁布了《广告管理暂行条例》。随后,国家工商行政管理局也颁发了《广告管理暂行条例实施细则》,对《广告管理暂行条例》予以进一步的阐释。《广告管理暂行条例》是新中国成立以来第一部全国性的广告管理法规,是在调整广告管理、广告经营及保障消费者利益等方面比较完整的一个法律规范文本。《广告管理暂行条例》的制定与实施使我国广告业在社会主义经济发展的新时期里开始步入一个正常、健康发展的轨道。

《广告管理暂行条例》实施数年后,随着改革开放的进一步深化和经济政策的不断调整,国民经济发展呈现出一个新的局面,消费者的消费行为也随之发生了很大变化。此时,国务院和相关职能部门越来越感到《广告管理暂行条例》已不能适应形势发展的需要,必须对《广告管理暂行条例》尽快加以补充、修改和完善。

根据这一形势,1991 年 10 月,国务院颁布了《广告管理条例》,随后国家工商行政管理局又制定了《广告管理条例施行细则》。《广告管理条例》和《广告管理条例施行细则》的指导思想与具体条款相比前面的《广告管理暂行条例》更为细致、全面,它规范了新的经济发展形势下如何进行广告业的有序运作,保障企业间的正当竞争,规范广告活动,保护消费者的合法权益。其法律约束力也更为有力,对那些刚开始冒头的违法、虚假广告活动有了依法惩治的依据。

进入 20 世纪 90 年代以后,随着社会主义市场经济的确立,我国广告业也开始了进一步的发展。在这一情形下,国家工商行政管理局于 1991 年初依照国务院的安排开始了《广告法》的起草准备工作。经过调查研究、广泛征求社会各界人士和广告界业内人士的意见,并经我国著名经济学家、法学家的反复论证与研究,同时借鉴国外相关广告立法的经验,国家工商行政管理局组织相关专家、学者开始了《广告法》的起草工作。在《广告法》初步起草工作完成后,又对《广告法》的框架结构和主要内容进行了多次调整修改。最后,《中华人民共和国广告法》于 1994 年 6 月经国务院国务会议通过,同意提交立法机关审议。1994 年 10 月 27

日，第八届全国人民代表大会常务委员会十次会议正式通过了《中华人民共和国广告法》，并定于1995年2月1日起正式施行。《广告法》正式颁布实施5年后，时间进入21世纪。随着以互联网为代表的高新技术产业的迅猛发展，广告业也迅速进入一个新的历史发展时期，各种传统媒体广告不但遇到了新媒体的强力挑战，而且媒体自身也因为市场经济大潮的冲击而变得有些无所适从，各种各样的虚假广告、违法广告乘虚而入，严重地扰乱了市场经济秩序，同时亦损害了消费者的利益，甚至危害到了广大人民群众的身体健康。在这种情形下，对《广告法》的修订迫在眉睫，于是从2005年开始，国务院决定由国家工商行政管理总局牵头，成立《广告法》修订小组，历经近十年的调研与多次论证后，新修订的《广告法》终于于2015年4月24日经由全国人民代表大会常务委员会第十四次会议正式讨论通过，并于2015年9月1日起正式实施。

二、立法的目的

《广告法》的颁布实施，是我国广告发展史上前所未有的一件大事，同时也在国际广告界产生了较大影响。它是我国改革开放事业稳步向前发展的必然结果，也是我国社会主义市场经济体制逐步确立的结果，更是党和政府依法维护广告业市场正常运作与健康发展的重要举措。新修订《广告法》第一条把广告的立法目的明确概括为四个方面，即"为了规范广告活动，保护消费者的合法权益，促进广告业的健康发展，维护社会经济秩序。"

1. 规范广告活动

广告是一项有意识的广而告知的信息(尤其是商业信息)传播活动，通过各种大众传播媒介的传播，将各种信息(主要为商品信息)传递给社会大众，并力争达到影响公众心理、促成商品销售和宣传的效果，这就是广告的最终目的。广告主、广告经营者和广告发布者作为广告活动中的主体，其广告行为对社会公众负有重要责任。尤其是商业广告活动中所传递的信息是否真实、可信，更是直接关系到消费者的切身利益，也关系到广告活动主体在商业竞争中合法权益的保障。因此，从法理角度对广告活动予以规范，既符合国家和社会的公共利益，也维护了广告主体的利益。

广告业的发展在一定程度上反映了市场经济的发展状况，我国广告业是与我国经济体制由许多年来一直实行的高度集中的计划经济体制(苏联模式)向市场经济体制转变的过程同步发展的。正是由于党的十一届三中全会以后开始实行改革开放，并逐步转入社会主义市场经济运作，国家的经济形势才发生了深刻变化;国民经济各项指标和人民生活水平均得到了大幅提高,我国的国内生产总值由1976年排在世界70位之后一跃而上升到了世界第2位,我国的外汇储备到2006年已跃居世界第一,在各国货币都不断贬值的情形下,人民币却一直在升值;国家的综合实力也不断增强、国际地位不断提高,这一巨大变化为广告业的发展创造了得天独厚的经济条件。可以说,我国广告业的发展完全得益于市场经济体制的建立,市场经济的迅速发展又为中国广告业的迅猛发展创造了条件。

广告业作为市场经济社会的一个高新技术产业,其自身的发展必然要遵循市场经济的发展规律。在新时期的30多年间,我国广告业虽然得到了快速发展,但是和我国整个经济的发展形势相比,在设备、资金、人才等方面仍然相对滞后,和国外发达国家相比仍然有着较大的差距。比如美国在2006年广告营业额已高达1600多亿美元,人均广告费800多美元,而我国同年人均广告费却只有12美元。但据有关方面预测,到2025年,中国广告营业额将会在2014年5600亿元人民币的基础上再翻一番,突破1万亿元人民币,达到11000亿元人民币。可以说,我国广告市场的发展潜力非常大。

在我国广告业迅速发展的同时,也暴露出一些不容回避的问题。

首先,广告主体的经营机制不够规范。主要表现为一些广告经营单位资质太差,广告从业人员素质不高,管理水平不规范。

其次,广告行为不规范。主要表现为有些广告主由于法律观念不强,广告意识很差,不能自觉按照市场规则从事广告运作;在经济利益的驱动下,公然发布违法、虚假广告,推销假冒伪劣产品,有时竟然强制让广告公司制作内容庸俗低下、违背社会公德的广告,在社会上产生了极坏的影响。另外,一些广告经营者和媒介单位见利忘义,不认真履行广告审查职责,发布损害国家利益、社会公众利益的违法广告。

这些问题的出现必然会严重干扰、破坏广告业的正常运作和发展,必然会损害整个广告业的声誉和广告人的形象。因此,国家相关管理机构有必要从法律角度对广告业出现的或有可能出现的违法现象、不道德广告行为进行防范和管理。新修订的《广告法》的颁布、实施对规范广告运作、维护广告业市场经营秩序起到了法制层面上的威慑作用,保障了中国广告业在21世纪的健康发展。

2. 保护消费者的合法权益

在现代社会里,老百姓通过广告宣传来选择商品和服务,表面上看这是消费者的一种自觉行为。但如果从客观上分析,则会明显看到由于大多数消费者并不具备相应的市场营销经验和一定的商品知识,往往出现由于过分信任广告而主动接受广告诉求的诱导,进而导致错误选择商品或服务的情形。同时,由于广告活动主体的广告法规意识淡薄，当受到狭隘的经济利益驱使时，常常会主动制作违法、虚假广告，结果导致消费者的利益受到损害。因此，通过相应的法律条文对消费者的利益予以保护是广告立法的一个重要目的，而《广告法》的制定与实施，一个重要目的就是在社会主义市场经济条件下用法律规范对消费者的切身利益予以保护。具体来看，整部《广告法》保护消费者权益的条款主要体现在广告内容应当真实、符合社会道德规范要求，以及损害消费者利益的违法广告行为所应承担的法律责任等方面。

3. 维护社会主义市场经济秩序

《广告法》是一部社会主义性质的广告大法，主要是通过对我国市场经济条件下的商业广告行为进行法律意义上的规范来维护市场经济的正常运作。在市场经济社会，广告对于稳定经济秩序、发展经济、指导消费者消费行为等都有着其他传播方法、营销手段所无法取代的作用和影响力。而屡禁不绝的违法、虚假广告行为和商业宣传中的不道德行为，既扰乱了社会主义的市场经济秩序，又阻碍了社会生产力的发展和社会进步。另外，随着市场经济体制的进一步确立，市场竞争更为激烈，广告活动中的各种矛盾和问题也更突出。因此，必须要从法律的角度对各种广告活动进行规范，明确广告活动主体的法律责任与广告活动的运作规则。《广告法》把维护社会主义市场经济秩序作为重要立法目的，其意义就是要从根本上明确广告法规在社会主义市场经济体系中的重要地位，使广告主、广告人、广告经营者在从事广告活动时既有一把威慑其行为的利剑，同时也使消费者的利益得到切实保障，更使中国广告业能在一个有序的形势下顺利发展，实现广告经济效益与社会责任的双赢。

4. 发挥广告在市场经济中的商业信息传播作用

加大广告业的发展力度，使其能更好地为社会主义市场经济建设服务，这也是我们的一项重要国策。尽管《广告法》在制定时正处于市场经济刚刚推行之时，其内容条款还未能涉及如何保障广告活动主体的权益以及违法虚假广告如何适用刑法等问题。但其对广告活动各方所做出的具体规范条文却能使广告业在法的保护之下更为充分地发挥出市场经济社会里的商业信息传播作用；对消费者选购商品和获取商业信息发挥重要的告之作用，同时也能够为在我国境内从事产品生产、商业经营的各类企业及时有效地传播信息，这样的传播作用力是其他方式的媒介传播无法取代的，同时也是企业经营运作得以顺利进行的一个基础保证。尤其是新修订的《广告法》颁布实施后，这方面的作用力将会得到更有力的加强。

具体看，新修订的《广告法》较原《广告法》有以下变化：

(1)新修订的《广告法》条款更加细化。《广告法》1994 年版共 6 章 49 条，

2015 年版虽然还是 6 章,但条款增加为 75 条,其中新增了 33 条,删除了 3 条,修改了原《广告法》中的 37 条内容。附则由 1 条增加为 2 条;

(2)充实和细化了广告法内容准则;

(3)明确和新增了广告行为规范;

(4)强化与提高了监管职权与法律责任的震慑力;

(5)首次对新媒体广告传播予以了法的层面的规定;

(6)用法的形式净化了少年儿童成长的环境;

(7)强化了对大众传播媒介广告发布行为的监管力度,对广告发布者制定了更加细节化的规定;

(8)首次对公益广告作出了明确规定。

《广告法》毕竟是我国第一部规范广告活动的大法,鉴于《广告法》存在着上述局限,同时我国广告业本身正处在一个不断发展与完善的阶段,因而对广告法律体系的认识也需要一个不断深化的过程。《广告法》需要用广告活动实践来检验,目前,新修订《广告法》的正式颁布与实施,就使其能更加满足我国市场经济条件下广告业市场法制化建设的需要,更好地保障我国广告业在 21 世纪健康地发展。

三、广告法与其他相关法律法规的关系

一部法律一经制定实施,自实施之日起,在此之前所制定的其他与该法律有抵触的规定均自然失效,一切以新颁布的法律为准。但鉴于原《广告法》自身存在局限性,因此,《广告法》实施后,国家立法机关只是规定在《广告法》实施前制定的其他相关的广告法律、法规中的内容与广告法不符的,以《广告法》为准。这样,在《广告法》颁布实施后,立法机关并没有将此前制定的《广告管理条例》废止,而是将《广告管理条例》作为与《广告法》相配套的行政法规继续施行。其他的广告管理法规中的有关规定只要不与《广告法》相冲突,也同样继续有效。这样一来就造成了多法并存的广告管理现状。

同时,《广告法》调整的对象只是商业性的广告活动。前面讲过,凡是过去的相关规定中内容上与《广告法》不符的,均以《广告法》为准,这一表述只是针对商业广告活动中有关商业广告的规定凡是与《广告法》内容不符的部分,而在《广告法》中未作规定、但其他相关广告管理法规规定了的对广告进行管理的内容,仍然具有法律效应。

除《广告法》和《广告管理条例》外,另有一些法规从不同角度和内容上也涉及

了广告管理。比如《药品管理法》《食品卫生法》《烟草专卖法》《反不正当竞争法》《消费者权益保护法》《化妆品卫生监督条例》等。鉴于这些法规的法律条文中某一部分同时也针对了广告活动，因而在广告管理工作的实践中一定要设法处理好《广告法》与这些行业法规之间的关系。

正如有学者所指出的，《广告法》中所指的广告监督管理是："政府相关职能部门、广告行业组织和消费者监督三者间相互配合，对广告活动的全过程进行监督管理。所以，我国的广告业目前和国外大致一样，基本上形成了一套由政府管理、行业自律和消费者监督相结合的全方位广告管理体系。在这个体系中，各个要素相互配合，对广告活动的全过程进行管理与监督，确保中国广告业的正常、健康发展。比如：工商行政管理部门与国家医药管理机关联手管理医疗广告、药品广告。工商行政管理部门与文化部门和教育部门共同管理文化娱乐、招生、出国留学等方面的广告。工商行政管理部门与食品药品监督管理机构共同管理保健品、药品等方面的广告。工商行政管理部门与城建、环保、公安等部门共同管理户外广告等。"①

新修订的《广告法》第六条规定：**县级以上地方工商行政管理部门主管本行政区域的广告监督管理工作，县级以上地方人民政府有关部门在各自的职责范围内负责广告管理相关工作。**这条规定明确了县级以上（含县级）工商行政管理局是国家授权的广告职能管理机关，担负着全面管理广告的责任。也就是说，各级工商行政管理局是国家对广告活动行使管理职权的权威主管部门，其他管理机关在广告监督管理方面必须支持工商行政管理机关的权威执法力。

工商行政管理部门作为政府机关，除了从行政执法的角度对广告进行监督管理外，还应根据广告业不断发展的新形势起草、制定、修改相应的广告管理方面的规范性文件。

复习思考题

1. 国家行政管理机关监督和消费者监督之间有什么不同？
2. 什么是《广告法》的立法宗旨？
3.《广告法》的立法目的是什么？
4.《广告法》中调整的内容主要有哪些？
5. 请谈谈《广告法》中有关行政法律关系的特征。
6. 请结合实例谈谈新修订的《广告法》与原《广告法》有哪些不同点。

---

① 褚霓霓编著：《广告法实例说》，湖南人民出版社 2000 年版，第 47 - 49 页。

第三节 《广告法》立法的原则

《辞海》对原则的解释是:原则是指“观察问题、处理问题的准绳,对问题的看法和处理,往往会受到立场、观点、方法的影响。原则是从自然界和人类历史中抽象出来的,只有正确反映事物的客观规律的原则才是正确的。”[①]在现实社会里,原则一般是指人们在说话或做事时所应依据的法则或标准。对于广告业来讲,广告活动的主体(指广告主、广告经营者、广告发布者)在其所从事的广告活动中必须根据广告活动的自身规律开展广告活动,这一广告活动的规律就是广告原则。

在广告活动中,只有遵循广告原则,才能使广告业有序、健康地发展,才能切实有效地保护消费者的合法权益,维护社会主义市场经济秩序,也才能真正发挥广告在社会主义市场经济中所应起到的信息传播作用。

新修订《广告法》第三条规定:**广告应当真实、合法,以健康的表现形式表达广告内容,符合社会主义精神文明建设和弘扬中华民族优秀传统文化的要求。**这是法律对广告的最基本要求,也是对广告活动主体进行广告活动时应承担的义务、责任的规定。这条规定集中体现了国家对广告立法的强制性和国家规范广告市场运作的根本宗旨,这一条也可被称为广告的基本原则。

新修订《广告法》第五条规定:**广告主、广告经营者、广告发布者从事广告活动,应当遵守法律、法规,诚实信用,公平竞争。**

从以上规定可以看出,广告原则主要有三条:守法、公平和诚实信用。

在社会主义体制下,广告作为社会主义市场经济条件下的一项经济活动,同样要受到法律、法规的规范和约束,只有这样,才能使其很好地为整个社会经济的发展服务,也才能使其在促成产品市场营销目的实现的同时,让人民群众享受到广告给他们精神上所带来的审美愉悦。

近些年来,随着市场经济的深入发展和国民经济发展水平的不断提高,违法、虚假广告也呈现出不应有的上升趋势,仅在2005年,北京市就查处了21400多条违法广告,其中医疗广告高达20100条,占到90%以上。北京市中医药管理局广告监管处2005年抽查的北京市576条中医医疗服务广告中只有5条合格。这是一个非常让人担忧的情形。

我国的广告活动中虚假、欺骗、误导消费者的情形大致有以下几种:

---

① 《辞海》,上海辞书出版社1999年版,第2101页。

第一种，广告介绍的商品和服务信息本身就是虚假、带有欺骗性的。

这一类主要是某些虚假的医疗广告、药品广告、保健品广告、化妆品广告、致富广告等。在2006年3·15国际消费者权益日期间，中央电视台举办的一次消费者调查活动中，消费者认定违法、虚假现象最为严重的排名前三位的广告分别是医疗广告、药品广告和保健品广告。这一情况应当引起广告人的高度警惕，因为假如消费者到了不再相信任何广告宣传的时候，那么广告业灾难的一天也就来临了。

第二种，广告对企业的自我介绍中含有虚假不实内容。

比如明明一是家小企业，却说成是大集团、大公司；明明是国内企业，却说成是中外合资企业，有的广告干脆把其他企业的办公楼、大型设备移花接木为自己的。这些广告利用了消费者对大型企业、外资企业的信任而进行虚假广告宣传，进而达到让消费者信任其企业连带信任其产品的目的。比如前不久某个骗子在媒体上多次发布虚假冬虫夏草种植与回收广告，为了能骗取消费者的信任，特别宣传他的公司隶属于中国农业科学院，实际上他的公司只是在中国农业科学院附近租了一间房子而已。

广告人更应注意的是，虽然广告的表现形式可以多种多样，但是在广告实践中一定要处理好真实性和艺术性的关系。讲求广告表现的艺术性不但无可非议，而且是广告创意中的一个重要追求，但追求艺术性绝对不允许违背广告的真实性原则。

广告活动应遵守的法律、行政法规不仅包括《广告法》和其他相关广告管理规定，而且还包括《宪法》《民法》《民法通则》《刑法》《消费者权益保护法》《合同法》等法律条文中的相关规定。

广告是现代社会市场营销中的一个重要手段，同时也是一种文化。在我国社会主义精神文明建设不断向前推进的同时，广告不仅是一个传播商业信息的信息传播工具，同时也是一个传送文化信息，带给广大人民群众精神享受的传播工具，对人民大众的精神文化影响非常大。因此，广告活动主体在从事广告活动时应自觉承担其在社会主义精神文明建设方面所应承担的责任和义务。

复习思考题

1. 什么是广告的真实性？
2. 什么叫广告竞争的公平性？
3. 广告的基本原则有那些？
4. 你如何看待真实性与广告创意时形象思维之间的矛盾？

第四节 《广告法》规定的广告活动主体

新修订《广告法》第二条规定:**在中华人民共和国境内,商品经营者或者服务提供者通过一定媒介和形式直接或者间接地介绍自己所推销的商品或者服务的商业广告活动,适用本法。**

本法所称广告主,是指为推销商品或者服务,自行或者委托他人设计、制作、发布广告的自然人、法人或者其他组织。

本法所称广告经营者,是指接受委托提供广告设计、制作、代理服务的自然人、法人或者其他组织。

本法所称广告发布者,是指为广告主或者广告主委托的广告经营者发布广告的自然人、法人或者其他组织。

本法所称广告代言人,是指广告主以外的,在广告中以自己的名义或者形象对商品、服务作推荐、证明的自然人、法人或者其他组织。

依据《广告法》的这一规定,广告活动主体应由以下三部分组成:

一、广告主

这是广告活动中的最大主体,广告主专指各种各样付了费要发布广告的法人、其他经济组织或个人。一般来讲,现代社会在商业广告活动中所指称的广告主为各种类型的工商企业及其独立经营的个体工商户。广告主是广告活动得以进行的前提条件。假若没有广告主,自然也就不可能有其后一系列的广告行为。因此,广告主是商业广告活动的第一主体。同时,只有广告主支付制作、发布广告所需的一切费用,广告活动才可正常进行下去。

社会主义市场经济条件下,尤其是我国加入了 WTO 后要适应全球化广告业运作的形势下,国内的广告主纷纷感觉到,只有加强相互间的合作,共同努力完善广告业市场,才能使中国广告业在经济一体化的全球经济战略中求得发展,也才能使中国的企业在国际贸易中很好地开展国际广告活动,取得应有的经济效益。2005 年 11 月 27 日,在北京召开了中国广告主协会成立大会暨首届会员代表大会,这标志着代表中国广告主合法利益的组织的诞生。大会推选中共中央委员、中国企业联合会时任执行副会长郑斯林为会长,聘请全国人大常委会时任副委员长王光英,全国政协时任副主席、中国企业联合会时任会长陈锦华及中国企业联合会时任常务副会长张彦宁为名誉会长。中国广告主协会以维权、自律、服务为宗旨，促进企业不断提高营销传播水平和营销传播质量，为企业的营销传播活动提供高质量的服务，引导和推动企业营销传播活动的国际化，维护企业在营销传播活动中的合法权益，规范企业在营销传播活动中的行为。中国广告主协会在成立章程中的解释是："维权"就是维护广告主在广告投资和营销传播活动中的各项合法权利，包括传播、安全、知情、选举、监督、求偿等。"自律"就是发挥协会的群体作用约束广告主，主要是约束会员在广告投资与营销传播中的不正当行为，如违法、侵权、恶性竞争等。"服务"是该会工作的基本内容，包括：法律服务、信息服务、交流服务、培训服务、理论研究、项目开发、沟通协调，等等。

二、广告经营者

《广告法》中所称的广告经营者，是指受委托提供广告策划、创意、广告设计、制作、全面代理广告业务的法人，兼营广告业务的事业单位，经营广告业务的个体工商户以及举办临时性广告经营活动的单位以及其他经济组织或者个人（自然人）。上述所指主要是各种类型的广告公司、广告代理公司、其他类型的广告代理商，比如中国广告联合总公司、星海广告文化公司、未来广告公司等。正是由于有了广告经营者的存在，广告主想要从事广告活动的愿望才能得以实现。在现代商业社会里，各种类型广告公司的出现，使得广告变成了一种具有独立商业属性的高新技术产业。广告公司通过有偿方式为广告主服务，不仅使广告主的商品宣传活动得以顺利进行，而且还促进了市场经济的发展。

在市场经济条件下，中国现代社会的广告经营者承办或代理各种广告业务时应该严格遵守国家法律法规中的规定，恪守职业道德，向社会提供真实的商品或信息服务。但在当前的实际运作中，一些广告主为了眼前的短期利益而试图通过违法、虚假广告误导消费者，以牟取不正当利益；更有一些广告经营者见钱眼开、唯利是图，策划、制作虚假、违法广告，为广告主的违法广告活动大开方便之门，结果危害了社会，损害了消费者的利益。对于这样的违法广告经营者，就一定要依法严惩。

三、广告发布者

《广告法》中所称的广告发布者，主要是指为广告主或者广告主委托的广告经营者发布广告的法人、自然人或者其他经济组织，即各种类型的广告媒介，如电视台、电台、报社、杂志社、各类网站等。

广告发布者具体指的就是专为广告主发布某一广告信息并收取一定发布费用的媒体单位。广告经营者受广告主的委托设计并制作完成广告作品后,交由广告发布者予以发布,以达到传递商品信息的目的。

在广告活动中,一些综合性广告公司除了为客户提供市场调查、策划、制作等广告服务外,也可以利用自有媒体,如路牌、灯箱、公共汽车候车亭等从事广告发布业务。这些综合性广告公司在从事广告业务发布的过程中,应依法承担和广告发布者相同的法律义务和责任。

在现代社会,广告发布者(广告媒介)对广告信息的有效传播起着非常重要的作用。广告信息也只有靠着媒介这一载体才能被及时有效地传送给消费者,从而达到商品营销的目的。对于一些西方国家,占到每年广告营业额很大比重的政治广告活动更是要依靠媒介花样翻新的轰炸式传播,才能把各政党与各候选人的政治主张诉诸选民,从而达到其政治目的。因而,不管是商业性质的信息传播,还是政治目的的信息传递,媒体的作用都是非常大的。基于此,作为广告发布者,就应把握好自身的媒介资源,传播真实有效的信息,拒绝传播各种虚假、违法信息,这不仅是广告发布者应遵守的基本准则,同时也是对媒介的自身要求。

需要注意的是,新修订的《广告法》和原《广告法》相比,增加了对“自然人”的表述。新修订的《广告法》中的自然人,既有广告经营者这一范畴内以个体名义从事广告经营活动业务的经营者(自然人);也有自行或者委托他人设计、制作广告的个体广告主(自然人);亦包括通过自媒体或者其他方式经营媒体广告业务的个体广告发布者(自然人)。

复习思考题

1. 请具体分析一下广告主、广告经营者、广告发布者的具体意指。
2. 综合性广告公司的业务范围主要有哪些?
3. 广告发布者的主要业务范围有哪些?
4. 互联网发布广告是否也应遵守《广告法》的相关规定?
5. 广告范畴中的自然人具体指的是什么?

第二章 《广告法》总则与内容准则解读

本章重点：把握广告总则的具体内容表达及其核心意义。

本章难点：《广告法》为什么要规定"广告应当真实、合法，符合社会主义精神文明建设的要求"？

本章将重点对2015年4月24日通过的(新修订)《中华人民共和国广告法》(以下内容中全部使用简称《广告法》。凡《广告法》，均是指新修订的《广告法》)进行较为细致的分析、解读。本章是本教材中重要的一章，因而需要下大力气去掌握，具体来讲应重点把握以下内容：总则，广告准则中所规定的不准许广告行为的条款与内容，广告活动主体各方的权利和义务，广告审查所涉及的条款内容，违法、虚假广告应承担的法律责任等。

《广告法》关于特殊商品广告发布前的审查，以及《广告法》对违法广告活动的处罚是本章的难点，需要下大力气方可掌握。

第一节 《广告法》总则解读

《广告法》第一章第一条至第七条为总则，相比原《广告法》增加了一条，具体内容为：**第一条，为了规范广告活动，保护消费者的合法权益，促进广告业的健康发展，维护社会经济秩序，制定本法。**《广告法》第一条首先阐明立法宗旨就是规范广告活动，促进广告业的健康发展，保护消费者的合法权益，维护我国的社会经济秩序，真正发挥出广告业在市场经济中理应起到的推动作用。新《广告法》于2015年4月24日经第十二届全国人民代表大会常务委员会第十四次会议正式通过后，各省、自治区、直辖市纷纷组织广告从业人员、广告监管人员及其他人员认真学习、领会《广告法》的精神实质和具体条款内容，国家工商行政管理总局先后举办了数期培训班，专题辅导、学习《广告法》的相关条款，引导大家提高对《广告法》重要性的认识，准确领会《广告法》的立法精神、理解具体条款的含义，特别注意掌握对广告活动管理的法律规定，并密切结合工作实际，做好贯彻执行工作，保证《广告法》得以顺利实施。各省、自治区、直辖市工商行政管理局也举办了培训辅导班，组织广告从业人员认真学习、领会《广告法》。大连市工商局为了能够更好地学习、领会、贯彻《广告法》，特地邀请了大连理工大学三位广告学专业教授、博士教师为培训班学员进行认真、详细的辅导，这使得大连广告从业人员对于新修订《广告法》有了一个明晰的认识。参加培训的广告从业人员纷纷表示，要以实际行动响应新《广告法》的颁布实施，要以新《广告法》为自己从业的指导准则，切实保护消费者的合法权益。

《广告法》第二条规定：**在中华人民共和国境内，商品经营者或者服务提供者通过一定媒介和形式直接或者间接地介绍自己所推销的商品或者服务的商业广告活动，适用本法。**

本法所称广告主，是指为推销商品或者服务，自行或者委托他人设计、制作、发布广告的自然人、法人或者其他组织。

本法所称广告经营者，是指接受委托提供广告设计、制作、代理服务的自然人、法人或者其他组织。

本法所称广告发布者，是指为广告主或者广告主委托的广告经营者发布广告的自然人、法人或者其他组织。

本法所称广告代言人，是指广告主以外的，在广告中以自己的名义或者形象对商品、服务作推荐、证明的自然人、法人或者其他组织。

《广告法》第二条对广告活动的主体，即广告主、广告经营者、广告发布者各自在执法层面上的概念所指予以了法律上的认定，即明确了什么是广告主、什么是广告经营者、什么是广告发布者。依据本条规定，广告主指出钱做广告为自己生产的商品或者提供的服务做宣传的各类企业、个体经营者、自然人以及其他经济实体。广告经营者指专业从事各类广告制作、进行市场调查与分析以及全面代理广告业务的各种类型的广告公司及自然人。广告发布者主要是指利用自身拥有的媒介做载体为广告主提供广告传播业务的各种类型的媒介单位以及自然人。

《广告法》第三条规定：**广告应当真实、合法，以健康的表现形式表达广告内容，符合社会主义精神文明建设和弘扬中华民族优秀传统文化的要求。**《中华人民共和国宪法》(后文简称《宪法》)规定，我国是一个人民民主专政的社会主义国家。社会主义制度的一个优越性就是全党、全国人民在从事各行各业的各种活动时都应符合社会主义精神文明建设的要求。这一规定实际上指明了社会主义国家人民群众应该具备高尚的精神道德、文明修养，以体现出社会主义国家的优越性。早在上世纪 80 年代党的十二大上，胡耀邦同志代表党中央所作的政治报告中就提出了要构建社会主义和谐社会的要求；党的十六大再一次确定了构建社会主义和谐社会是我党带领全国人民奔向小康社会的重要目标之一，加强社会主义精神文明建设则是构建社会主义和谐社会的主要内容之一。《广告法》明确规定：**广告应当真实、合法，符合社会主义精神文明建设的要求。**这一条款适用于在中国境内所开展的各类广告活动，因为其活动地域为中华人民共和国领土之内，就必须要与宪法的规定和党中央构建社会主义和谐社会的目标相吻合。同时，我们更应有这样一个认识，就是社会主义国家的现代广告活动针对的对象是人民大众，这是一项大众传播活动，因而广告中宣传的信息除了对商品的介绍外，更应有积极向上的内容，这样才能在带给广大消费者商品信息的同时亦带给他们精神上的愉悦，给予他们精神上的审美满足。所以本条规定既是对广告主从事广告活动时的一个最基本要求，同时亦是所有广告主、广告经营者以及广告发布者应遵守的行为准则。国家制定的《国民经济和社会发展十三五计划和2025年远景目标纲要》中明确指出："任何时候都不能以牺牲精神文明为代价，换取经济的一时发展。"因此，所有广告从业人员都应有广告传播应符合社会主义精神文明建设的坚定信念。

2004年4月，思薇尔公司委托上海华智地铁广告公司发布了印有"玩美女人"字样的地铁车站灯箱广告，4月19日媒体报道了对这一广告文字的异议。8月28日，上海市工商局黄浦分局对思薇尔公司开出行政处罚决定书，作出了责令停止发布、公开更正、罚款20万元的行政处罚。思薇尔公司不服这一处罚决定，上诉至法院。法院审理后认为，"玩美女人"广告词中"玩"字的多义性及"玩美女人"的词语搭配极易误导地铁中的匆匆过客产生"玩弄美女"的不良印象，且客观上已经产生了不良后果，这种后果明显有悖于社会主义精神文明建设所倡导的社会良好风尚，因此工商部门对此行为进行查处并无不当。[①] 像这样的广告行为在新《广告法》中的处罚力度将更大。

《广告法》第四条规定：**广告不得含有虚假或者引人误解的内容，不得欺骗、误导消费者。广告主应当对广告内容的真实性负责。**本条款从法律层面上规定了广告内容必须真实可信，决不允许广告主借用广告这一特殊宣传形式制造合法谎言，欺骗和误导消费者，这也是对广告最根本的属性——不得有虚假、违法内容宣传——作出的明确的法律定性。但是，自从原《广告法》发布以来，形势却并不乐观，就在原《广告法》正式施行的1995年年底，各级工商局共查处违法、虚假广告高达十余万起。2000年上半年，在国家工商行政管理局开展的一次全国范围的

① 参见崔银河主编：《广告法规与职业道德》，中国传媒大学出版社2008年版，第49页。

集中打击虚假违法广告活动中,查获违法虚假广告 1 万多起,为消费者挽回直接经济损失 1 亿多元。比如下面这一典型案例:2003 年 5 月 12 日,重庆市天友乳业股份有限公司万州经营部在其销售网点醒目张贴印刷品广告,宣称“饮用酸奶,远离非典”,“酸奶可以大幅度提高人体的免疫力和抵抗力”,“天友乳业以酸奶闻名西南已 60 多年”。经查,该公司万州经营部所销售的酸奶为普通食品,并不具备保健食品的功能,更不具备预防“非典”的功能,这是一起典型的利用防治“非典”名义发布违法虚假广告的案例。在全国人民全力抗击“非典”的非常时期,一些见利忘义的企业竟然打着抗击“非典”的幌子进行虚假广告活动,对于这样的违法广告活动一定要予以严厉打击。

《广告法》第五条规定:**广告主、广告经营者、广告发布者从事广告活动,应当遵守法律、法规,诚实信用,公平竞争。**本条专门针对广告活动中的三个主体,即广告主、广告经营者、广告发布者作出了规定,规定他们在从事广告活动时应自觉遵守法律法规以及诚信经营原则等,这就要求广告从业人员在所从事的广告活动中自觉遵守本条规定,以保证社会主义市场经济条件下的广告活动顺利进行。

《广告法》第六条规定:**国务院工商行政管理部门主管全国的广告监督管理工作,国务院有关部门在各自的职责范围内负责广告管理相关工作。县级以上地方工商行政管理部门主管本行政区域的广告监督管理工作,县级以上地方人民政府有关部门在各自的职责范围内负责广告管理相关工作。**本条规定明确了对广告活动进行监督管理的机关是县级以上人民政府所辖的工商行政管理局(包括县级工商行政管理局)。该条款的制订,为各级工商行政管理机关更好地行使自己的职权,维护市场经济秩序,保障消费者的合法权益带去了极大的执法便利,同时也更有利于职能部门充分运用权力。

《广告法》第七条规定:**广告行业组织依照法律、法规和章程的规定,制定行业规范,加强行业自律,促进行业发展,引导会员依法从事广告活动,推动广告行业诚信建设。**与原《广告法》相比,本条是新增加的条款。之所以要新增该条款,目的就是要在法的层面上明确规定各地区的广告行业组织如何制定相关行业规范及有序指导、促进广告行业的更好发展,以法的形式推动广告行业自律意识的增强。

复习思考题

1. 如何解读广告宗旨?
2. 为什么要在《广告法》中规定“广告应当真实、合法,符合社会主义精神文明建设”的要求?

3. 什么叫诚信原则?

4. 谈谈你对"广告不得含有虚假的内容,不得欺骗和误导消费者"这条内容的理解。

5. 各地广告行业组织的主要职能有哪些?

第二节 广告内容准则解读(A)

《广告法》第二章为广告内容准则。

广告内容准则指在广告活动中一切广告都应当遵循的标准与发布广告时的原则具体规定,也是判断广告能否发布的依据。

我们知道,《广告法》中的条款内容虽然主要针对商业、服务性广告,但是对我国境内所有广告活动都具有根本性的指导作用,所以,《广告法》中的广告内容准则这一章不仅适用于各类商业性广告宣传,同时也适用于所有其他类型的广告内容与广告形式。

同时,广告内容准则还从法的层面上对广告发布的内容和形式作出了规定。凡是广告准则所规定的内容,任何单位和个人在从事广告活动时都必须遵守执行。

《广告法》第八条规定:**广告中对商品的性能、功能、产地、用途、质量、成分、价格、生产者、有效期限、允诺等或者对服务的内容、提供者、形式、质量、价格、允诺等有表示的,应当准确、清楚、明白。**

广告中表明推销的商品或者服务附带赠送的,应当明示所附带赠送商品或者服务的品种、规格、数量、期限和方式。

法律、行政法规规定广告中应当明示的内容,应当显著、清晰表示。

与原《广告法》相比,该条款针对广告中所传递的商品的性能、产地、质量等相关信息应当表述清楚、诉求明白,不得让受众有模糊不清的感觉等专门作出了法的层面的规定。根据《广告法》本条款的规定,在广告宣传中,针对商品或服务的具体内容,针对附带赠品的具体内容,其表述要真实、准确、清晰,让受众准确无误地理解,不能采用夸大的、带误解性的、易产生歧义的广告诉求。如果在广告中表明所推销的商品或者服务有附带赠送的诉求,应当明示附带赠送的商品或者服务的品种、规格、数量、期限和方式。这是因为近些年来,不少商家或企业为了诱惑消费者购买其产品,常常用许诺赠送某一相关产品的广告诉求引诱消费者购买其产品,但在实际赠送时所赠送的商品常常是一些劣质产品或残次商品,消费者在得到这些赠与的商品后根本无法使用或者使用后受到了较严重的身体伤害。比如《中国消费者报》2004 年 12 月 3 日报道的一个案例,2004 年 11 月 25 日,王先生在大连沙河口区某火锅店门口看到一则优惠广告:“本店免费赠送羊肉;免费赠送啤酒。”王先生一看有这样的优惠,便高兴地要了两盘羊肉、两瓶啤酒,还要了一个蔬菜拼盘。酒足饭饱后,王先生结账时发现,两盘羊肉也被算在账单中,他马上询问服务员:“羊肉和啤酒不是免费赠送吗?”谁知服务员却说:“广告上写的是羊肉和啤酒任选一样免费。”王先生就又重新看了一遍经营者的宣传广告,这时才在广告最下面看到一行蝇头小字,这行小字上写着:“两者任选其一”。王先生认为商家有欺诈嫌疑,便将此事投诉到沙河口区工商分局兴工街工商所。无独有偶,同年 11 月初,该工商所又接到一起类似投诉。一位姓肖的女士准备结婚,外出租婚纱时多家走访后被一家婚纱店的户外广告吸引住了,只见广告上写着:“来此租婚纱,刮破弄脏不用赔。”肖女士看到这则广告后一阵欣喜,心想,既要穿着婚纱去拍外景,又要应付来宾,很难保证不弄坏婚纱,如果弄坏婚纱,其他的婚纱店要求有一笔不小的赔偿,只有这家店不用赔偿。想到此,肖女士决定在这家婚纱店租婚纱。果然,拍外景时,肖女士的婚纱不慎被树枝刮了一个长口子,退婚纱那天,婚纱店要肖女士赔偿。肖女士称,商家不是承诺刮伤不用赔钱吗?经营者却说,广告下面还有一行字,明确写明刮伤范围不得超过 5 厘米。肖女士认为商家的做法侵害了消费者的权益,将此事投诉到了沙河口区兴工街工商所。

大连市工商局沙河口区分局工作人员认为,个别商家为了搞促销经常在广告宣传上避重就轻,将优惠条件做附加处理。而工商机关在受理此类纠纷时,往往因证据不足很难调解。因此,工商机关提醒消费者,如果看到商家有优惠字样的广告宣传,一定要多留个心眼,要仔细阅读其优惠内容并向相关人员认真询问清楚再做决定。[①]

近几年,有不少人在这方面动足了脑筋,在广告中打着购物赠送礼品的幌子大玩文字游戏,销售的商品标得非常清楚,可是赠送的礼品却说得含含糊糊,如“买一赠一”“大赠送”“返奖率 90%”“花一份钱可以买到两份东西”等。不少消费者一见如此诱人的广告宣传便纷纷动心,不管有用没用,先买了再说,结果造成了很多事后纠纷。这实际上是一种误导消费者的商业欺诈行为,明显是在愚弄消费者;更有甚者,有些广告中所标明的赠品竟然是假冒伪劣产品,这更是对消费者明目张胆的欺诈。对于这样的违法案件,各级工商执法机关应当依据《广告法》的规

① 参见崔银河主编:《广告法规与职业道德》,中国传媒大学出版社 2008 年版,第 52 页。

定给予严厉打击。该条款正是针对某些商家的这种不道德广告行为而做出的明确法律规定。

《广告法》第九条规定：**广告不得有下列情形：**

（一）使用或者变相使用中华人民共和国的国旗、国歌、国徽，军旗、军歌、军徽；

（二）使用或者变相使用国家机关、国家机关工作人员的名义或者形象；

（三）使用“国家级”、“最高级”、“最佳”等用语；

（四）损害国家的尊严或者利益，泄露国家秘密；

（五）妨碍社会安定，损害社会公共利益；

（六）危害人身、财产安全，泄露个人隐私；

（七）妨碍社会公共秩序或者违背社会良好风尚；

（八）含有淫秽、色情、赌博、迷信、恐怖、暴力的内容；

（九）含有民族、种族、宗教、性别歧视的内容；

（十）妨碍环境、自然资源或者文化遗产保护；

（十一）法律、行政法规规定禁止的其他情形。

本条款有关广告准则的标准涉及在一切广告活动中就内容方面所做出的禁止性规定。该条第 1 款规定：在广告中不得使用中华人民共和国国旗、国徽、国歌。这是因为国旗、国徽、国歌是中华人民共和国的象征和标志，代表着国家的最高尊严。正如褚霓霓在《广告法实例说》一书中所指出的：“《宪法》第 136 条规定：中华人民共和国国旗是五星红旗。《国旗法》第 3 条第 1 款规定：中华人民共和国国旗是中华人民共和国的象征和标志；第 18 条规定：国旗及其图案不得用作商标和广告。《宪法》第 137 条规定：中华人民共和国国徽，中间是五星照耀下的天安门，周围是谷穗和齿轮。《国徽法》第 3 条第 1 款规定：中华人民共和国国徽是中华人民共和国的象征和标志；第 10 条第 1 款规定：国徽及其图案不得用于商标和广告。根据《关于中华人民共和国国歌的决议》，中华人民共和国国歌是《义勇军进行曲》，中华人民共和国国歌也是中华人民共和国的象征和标志，当然不得用于广告中。《广告法》规定，不得在广告中使用国旗、国徽或国歌的词、曲作为广告背景或衬托，实际上是《宪法》和其他相关法律法规在广告监督管理中的进一步具体体现，也是为了更好地维护中华人民共和国的象征的权威性所作出的法律规范。

“香港《大公报》1996 年 8 月 6 日第六版刊登了一则云南昆明卷烟厂的红山茶香烟广告。该广告上方写着‘热烈祝贺中国奥运代表团高奏凯歌’的大字；左半部分是王军霞在奥运会的颁奖台上手捧鲜花，胸前挂金牌，背后是正在冉冉升起的五星红旗;广告画面右侧居中位置有一行'国际名烟时尚味道'的字;稍下一点竖着摆放了一盒红山茶香烟,旁边另外摆着一盒已经开封的红山茶香烟。

"该广告违反了广告管理法规中的多项规定,其中之一就是把国旗作为广告背景,这种行为不仅极不严肃,而且冒犯了中华人民共和国的尊严,因此,这是一则典型的违法广告。"①

一、"广告中不得使用国家机关和国家机关工作人员的名义"

国家机关是指从事国家管理活动的各级国家权力机关、行政机关、审判机关和法律监督机关。国家机关是上层建筑的具体意指,是代表国家从事社会事务管理的组织。国家机关工作人员是指在上述国家机关具体执行国家管理社会事务职能的人员。国家机关和国家机关工作人员代表着国家利益和形象。因此,为了维护国家尊严,保证国家机关行使职权的权威性,《广告法》第九条第二款规定在广告中不得使用国家机关和国家机关工作人员的名义。为了保证《广告法》的顺利执行,最高人民检察院在《关于认真执行〈中华人民共和国广告法〉的通知》中又特别规定,"发布广告违反《广告法》第九条第二款规定,构成犯罪的案件……一经发现要及时立案,依法追究刑事责任"。

当前,一些企业为了获取商业利益不惜以身试法,比如 2004 年 9 月,重庆市潼南县电视台连续播放的一条电视广告中竟然出现了该县质量技术监督局副局长王灵现身说广告的身影。他在广告中说:"精益眼镜店技术相当雄厚,检测设备很先进……"该广告片长约 3 分钟,其中他自己说出来的广告词就占去约 1 分钟。"我们这里的质量技术监督局副局长成了广告明星,他在电视里给眼镜店打广告……"电视广告一经播出,当地的群众立即议论纷纷,对此事表示了极大不满。重庆市质监局有关人士表示,根据《纪律处分条例》规定:党员干部不准参与经商活动,已派员赴当地对此事进行调查。其实,这件事不仅违反了《纪律处分条例》中的规定,同时更违反了《广告法》和最高人民检察院《关于认真执行〈中华人民共和国广告法〉的通知》中的规定。

《北京娱乐信报》2005 年 6 月 14 日报道:北京市朝阳区杨闸环岛附近的一个售楼处,伟大领袖毛主席挥手的大幅广告赫然挂在该售楼处的玻璃幕墙内。在该售楼处,站在相隔几米的便道上就可看到毛主席挥手的大幅广告。该广告由两部

① 褚霓霓编著:《广告法实例说》,湖南人民出版社 2000 年版,第 60 页。

分组成，左下角是几个住宅楼的图片，毛主席挥手的照片占了三分之二的画面。据该售楼处工作人员介绍，一名赵姓特型演员扮成毛主席拍摄了这幅广告宣传画，这名特型演员是该楼盘的形象代言人。“这个楼盘早已开盘，因此这幅广告悬挂已有一段时间了。”根据《广告法》第九条第二款规定，广告中不得“使用国家机关和国家机关工作人员的名义”从事广告宣传。国家工商行政管理局在《关于使用已故或离任的党和国家领导人名义进行广告宣传处理意见的答复》中也明确规定，不得使用已故或离任的党和国家领导人名义进行广告宣传。该房地产开发公司的这一广告是一则典型的违法广告。

除了上述案例外，有的广告宣传故意使用国家机关工作人员的照片做广告画面，这也是一种典型的违法广告行为。近年来，一些企业或个人违反广告管理法规中的有关规定，假借国家机关的名义发布广告，推销商品和服务，造成了不良的社会影响，不仅干扰了正常的广告经营秩序，而且损害了党和政府的形象。国家工商总局于 2004 年 5 月 19 日发布了《关于禁止在商业广告中使用国家机关名义的紧急通知》，严禁任何单位和个人在商业广告中使用国家机关的名义(含简称)，包括使用党和政府及其工作部门的名义，使用人大、政协的名义，使用审判机关、检察机关的名义，使用军队、武警的名义，以及使用其他国家机关的名义。该《通知》要求全国各地工商行政管理机关立即对本辖区内违法使用党和国家机关名义发布广告及推销商品或服务的情况进行一次全面检查，检查工作要层层落实，责任到人，工作人员要切实加大执法力度。各地工商局要强化日常监管，对电视、报纸、广播、期刊等大众媒介加强监测，对印刷品广告发布较多的企业、重点场所和区域进行重点巡查，做到发现问题及时处理，最大限度地消除不良影响。同时要加强广告管理法律、法规的宣传教育。组织对企业营销人员、广告从业人员的法律培训，以案说法，增强针对性，提高企业遵守广告法律的自觉性。

二、“不得使用‘国家级’、‘最高级’、‘最佳’等用语”

某某产品“是国家级产品、质量最高、品质最好”，国家级、最高级、最佳等用语非常容易误导消费者，这种绝对化语言在抬高自己的同时肯定会贬低同类产品。因为世界上的万事万物中从来就没有谁最好谁不最好之说，只有很好、更好这样的话语才能让人信服。所以《广告法》第九条第三款规定：**不得在广告中使用“国家级”“最高级”“最佳”等用语。**

但是这些年里，没有明确依据而使用绝对化语言的广告仍不在少数，比如就在 2005 年,"中国质量万里行促进会"在全国各地进行的一次调查中就发现多起使用了"全球第一""质量最佳""同类产品中最好"等绝对化语言的违法广告宣传。

2005 年 8 月 2 日,四川省工商局宣布,已初步确认高露洁广告中的"中国及全球口腔护理专家一致推荐"和"中国和世界专业权威机构一致认证"等广告语涉嫌使用绝对化用语,在高露洁给四川省工商局提供的证明材料中,随即被查出有 32 份证明材料已过了认可期限,高露洁牙膏广告涉嫌虚假宣传、误导消费者。

不过,如何更加准确地定义该条款?有学者做了如下解释:"绝对化用语在以下三种情况下可以合法使用:一是用于同一品牌或同一企业内部的产品描述,如最大户型、最小尺码、最新产品、顶配车型等,在限定范围明确且客观真实的情况下可以合法使用。二是表达企业的经营理念或目标追求,如"顾客第一、诚信至上"、"追求完美"等。在上述两种情况下,如果广告文案中过于突出描述中的绝对化用语,对消费者构成误导的,仍然属于违反绝对化用语禁令。三是"众所周知、没有歧义的常识性内容,或固定用语中的一部分"。① 正如不能使用绝对化用语一样,在实际操作中也不能对"绝对化用语"的认定太绝对化,如果硬要这样做,那么企业创造出的明显领先于同类产品的新产品就无法用广告来建立知名度了。

广告是市场营销中的重要促销手段,也是消费者获取商品和服务信息时的主渠道,因而广告具有很强的推销产品、引导消费的作用。但是广告毕竟不能等同于商品和服务本身,它只起着介绍商品特点或服务内容的作用,因此《广告法》不允许在广告宣传中使用绝对化的语言,目的就是为了保证商品宣传的真实性以及市场竞争的公平性。这样做既保护了消费者的利益,又维护了同类产品的有序市场竞争。

我们知道,和谐稳定的社会环境是社会主义市场经济顺利向前发展的重要条件。为此,《广告法》第九条第四款、第五款规定:**广告不得损害国家的尊严或者利益,泄露国家秘密;妨碍社会安定,损害社会公共利益。**根据本条款规定,凡含有违反四项基本原则、危害社会主义民主政权、分裂国家、推翻社会主义制度的内容,广告均不许刊播;此外,如果广告宣传中有涉及妨碍社会安定和公民财产安全的内容,同样不许刊播。

2005 年 3 月,上海利都房地产公司印刷并四处散发的广告传单上有这样的广告语:"依然保留法租界昔日的浪漫风情。"谁都知道"法租界"是中国人民昔日饱受奴役的一个代名词。这一广告语是一种典型的严重损害国家尊严的违法广

① 佚名:中国红盾论坛,www.aicbbs.com,2015 年 11 月 26 日。

告,受到了停止发布、并罚款64500元的处罚。

近几年,某些报刊置社会公共利益不顾而发布明显有犯罪内容的广告。比如《体坛周报》2004年11月22日出版的总第1286期报纸中关于色情内容的广告就有18处之多,比如情爱大揭秘、印度爱经以及周易测名字等,这些广告内容引起了读者的强烈不满。2006年,江西省南城县女友化妆品邮购公司在《邮购专讯》中发布邮购信息广告,其中有许多邮购“忘魂药”“多梦色情术”等不堪入目的淫秽物品的广告。同时,这家小报还刊登“双目失明法”“健康人精神失常法”“万能钥匙”等诱人犯罪的广告内容。这些广告的发布给社会安定带来了极大的危害,影响了社会的稳定和人民群众的人身、财产安全,不仅违反了《广告法》中的规定,还违反了《刑法》的相关规定,属于一种犯罪行为。

三、“不得妨碍社会公共秩序或者违背社会良好风尚”

“公共秩序是指统治阶级按照自己的意志和利益建立起来的、要求人们共同遵守的社会生活准则。内容包括:社会工作秩序、生产秩序、教学科研秩序、人民群众生活秩序等。公共秩序的建设是我国社会主义精神文明建设中的一项重要内容。”①

随着广告对人们日常生活影响的日益增强,广告的舆论作用、社会作用也愈加突出。在我们这样一个高度文明的社会主义国家,绝不能为了单纯追求广告效应而忽视广告的社会责任。《广告法》第九条第七款规定:**广告不得妨碍社会公共秩序或者违背社会良好风尚。**如果在广告中有直接或间接违反社会公共秩序的内容,有违背社会公德的不文明举止或者有损各民族形象等影响社会秩序的内容,均不得发布。作为现代广告业,在引导人们享受现代物质文明的同时,更要让人们受到精神文明的熏陶,广告传播的指导思想应是树立、选择符合中国人民共同社会理想的价值观和生活方式。

四、“不得含有淫秽、色情、赌博、迷信、恐怖、暴力的内容”

《刑法》的司法解释是这样定义淫秽的:淫秽是指具体描绘性行为或者露骨宣扬色情的内容。

---

① 褚霓霓编著:《广告法实例说》,湖南人民出版社2000年版,第66-67页。

禁止宣传淫秽内容不仅是我国法律法规所作出的规定,世界上几乎所有文明国家对此都作出了禁止进行广告传播的规定,为此《广告法》第九条第八款规定**广告不得含有淫秽、色情、赌博、迷信、恐怖、暴力的内容**。

但是近些年来,有的经营者为了自己的商业利益故意违反《广告法》的规定,有的广告把男女之间床上的动作、表情、语言表现等有意放到电视广告上。2006年,微软公司做了一条片名叫《女人最后一道防线》的电视广告,广告是这样的:某年某月某一天,某帅哥和某 MM 待在一间四面透明的大玻璃房子里,俩人突然来了"感觉",帅哥便和 MM 立刻扭作一团,经过亲吻、抚摸等动作之后,俩人开始宽衣解带,当帅哥要解去 MM 身上最后一件衣服的时候,却发现怎么样也解不开,帅哥这时很尴尬,怎么搞的,以前也是这样解的啊,只要轻轻一抠就解开了,现在咋就不灵了?他正焦急之际,屏幕上突然冒出一个对话框,询问是选择"立即打开"还是"保存",如果你是男人,此时此刻怎可能选择"保存"?当然是毫不犹豫地选择"立即打开"了。选择了"立即打开"命令之后,帅哥满以为这下 OK 了吧,然而意想不到的结果又出现了,这件破衣服竟然还采取了加密措施——要求输入密码才能打开!没办法,帅哥尽管欲火中烧却只能干瞪眼,无奈只好作罢。广告屏幕最后跳出"Office XP"的 Logo。

该广告在欧美国家播出后遭到了许多人的谴责,但同年 6 月 21 日起国内一些网站,像劲爆视频、阿里巴巴博客视频、大猪's blog 等却先后播放了这条广告。

2002 年 10 月 17 日,《武汉晚报》上出现这样一则广告:"本色拉灯"性保健食品在江城各大药房现身。在这则广告中,"色"字的字体非常小,和其他三个字比起来就像是一个黑点,猛地一眼看过去,简直就是那个令全世界的人都惊恐万分的恐怖主义头目的名字——本·拉登。广告画面上是一个正在发力的光头男子,并且旁边配有一句广告语:"拉灯之后,尽显男人本色。"该广告在该报一经刊登便立即引起了民众的极大愤慨,同时亦引发了社会舆论的强烈谴责。最终该广告受到了有关部门的查处。

《广告法》本款中所指的迷信是指星占、算卦、风水、相命等封建迷信思想。2005 年 3 月 8 日,国家工商总局、信息产业部联合发出通知,禁止发布含淫秽色情、封建迷信等不良内容的声讯、短信息等电信信息服务广告,"姓名解析""探索两性秘密"类广告将被叫停。据介绍,一些电信信息服务经营者在电视、报纸上大量发布含有淫秽色情、封建迷信等不良内容的声讯、短信息等电信信息服务广告,如"姓名解析""情色玫瑰坊""探索两性秘密""从少女到女人的情感实录"等,并在收费标准和方式上误导消费者。这些不良声讯、短信息等电信信息服务广告不仅污染了社会风气，造成了不良影响，而且还严重损害了消费者的合法权益。通知中对声讯、短信息、彩信、彩铃、WAP等电信信息服务广告进行了规范，要求电信服务经营者在设计、发布声讯、短信息等电信信息服务广告时，应当具有并提供营业执照等真实、合法、有效的证明文件，并且业务种类中必须含有“信息服务业务”项目的《跨地区增值电信业务经营许可证》或《增值电信业务经营许可证》，跨地区者还应提供由当地通信管理局备案确认的文件。此外，广告要清晰标明经营者的名称和经营许可证编号以及收费标准和收费方式，不得欺骗和误导消费者。广告内容必须符合社会主义精神文明建设要求，禁止利用电视、广播、报纸、期刊、互联网、印刷品等各种媒介或形式，发布含有淫秽色情、封建迷信等不良内容的声讯、短信息等电信信息服务广告。否则将没收广告费用，并处以其广告费用1倍以上5倍以下的罚款，情节严重的将停止广告业务，构成犯罪的将依法追究刑事责任。

1995年3月，也就是原《广告法》正式施行刚刚一个月，北京工商局就接到群众举报，北京万安锅炉厂在海淀区小屯附近设置的户外路牌广告上出现了德国法西斯的象征性标志。广告监督管理机关经实地查看得知，早在1992年，当时的厂长就设计并使用了“卐”字图形厂徽，开始只在说明书上使用，后来范围渐渐扩大，从厂门口设立的路牌广告到职工名片都印上了这一标志。尽管该厂长有可能是误用了佛教中的卍(万字)符号，但该广告毕竟在群众心里造成了不良影响，北京市工商局对此违法广告行为给予了处罚。①

比如下面这则宣传封建腐朽没落思想和不良文化的广告。

1995年七八月间，青岛兴通酒楼有限公司在其擅自命名的台北美食城内张贴广告，介绍其烹制的豆腐等菜肴。广告中有“笨蛋炒混蛋”、“老娘又白又嫩”、“男的受不了、女的挡不了”、“吃老娘豆腐可以，吃老板娘豆腐不可以”等用语，广告发布后，社会影响非常恶劣。

这则广告用语低级、庸俗，败坏了社会风气，有悖于社会主义精神文明建设和社会公俗，违反了《广告法》的规定，青岛市工商局依照《广告法》相关条款给予兴通酒楼有限公司罚款1万元的处罚。

淫秽、迷信、恐怖、暴力、丑恶的东西是与社会主义精神文明建设格格不入的，《广告法》第九条第八款对此作了专门规定。因此，我们在继承中华民族传统文化的同时应自觉除其糟粕、取其精华，并把它与时代精神结合在一起，本着健康有益、积极向上的精神和共同构建和谐社会的目的制作广告。

① 参见褚霓霓编著:《广告法实例说》，湖南人民出版社2000年版，第70页。

五、"不得含有民族、种族、宗教、性别歧视的内容"

《宪法》第四条规定:"中华人民共和国各民族间一律平等……禁止对任何民族的歧视和压迫。"在国民党统治下的旧中国,各少数民族一直受到歧视和压迫。新中国成立后,各少数民族才真正获得了平等的地位,毛泽东同志在新中国成立之初就指出:各少数民族应一律平等、亲如兄弟。各民族之间的大团结是社会主义建设事业向前发展的有力保证。基于此,《广告法》特地作出了相关规定。

同样,公民的宗教信仰自由也是我们社会主义国家尊重人权的一个体现。《宪法》第三十六条规定:"中华人民共和国公民有宗教信仰自由。"《宪法》这一条款表明,我国政府保护公民的宗教信仰自由,任何人不得歧视。依据《宪法》规定,绝不允许在广告中出现民族、种族、宗教歧视的内容。

性别指男性、女性两性之分,在封建社会妇女地位非常低下,到了社会主义社会,妇女的地位才得到了很大提高,男女地位才真正平等。但在现实生活中,性别歧视现象仍然时有存在,尤其是在招聘广告中,这种性别歧视广告常常会引起女性的极大愤慨。

中国新闻网于2003年3月曾做过一个调查,结果显示:"在中国的就业市场上,90%以上的招聘广告中含有歧视性条款,包括年龄歧视、性别歧视、学历歧视、户籍歧视、地域歧视乃至身体歧视(如身高、相貌等);这其中性别歧视正愈演愈烈,不立法禁止便会损害劳动力市场的正常发展,进而带来更为严重的经济和社会后果。"全国人大代表、中国人民大学劳动人事学院教授郑功成也为此说道:"就业歧视现象已经引起了广大劳动者的极大反感,理论学术界也开始关注。首先受害的是城市下岗失业工人,尤其是大龄下岗失业人员,他们普遍受到年龄等方面的就业歧视;其次是农村进城务工的劳动者,他们受到户籍等方面的歧视;再次是女性劳动者受到性别歧视,女大学生找工作难已是普遍现象。"①

六、"不得妨碍环境、自然资源或者文化遗产保护"

由于人口的快速增长和自然资源的渐趋短缺,近些年来,对于环境和自然资源的破坏有愈演愈烈之势。尤其是不少地方的当政者只顾及本地区的短期经济

① 转引自中国新闻网,2003年3月13日。

利益和自己的政绩，不顾及对环境和自然资源的保护，这一现象已经开始受到大自然的惩罚，比如地球变暖、臭氧层减少、水资源严重短缺等现象已经开始严重危害人类社会。在这种情形下，对环境和自然资源的保护就成为我国政府推行的一项重要国策，为此，除了《宪法》中的相关规定外，全国人大先后制定了《环境保护法》《大气污染防治法》《土地管理法》等法律。为了在广告活动中更好地执行国家制定的相关法律法规，保护好我们的环境和自然资源，《广告法》第九条第十款规定：**广告不得妨碍环境和自然资源保护。**

同时，该款相比原《广告法》增加了保护文化遗产的内容。我们知道，中华民族是世界上最古老的民族之一，在漫长的历史进程中，我们创造出了举世瞩目的华夏文化，其中许多已被发现的文化遗产不仅是华夏文明的历史见证，更是全人类非常珍贵的历史文物。因而，针对近几年一些地方故意在某些禁止设置广告的历史文化遗产地址乱设广告牌，以及有意借助历史文化遗产的名声用该文化遗产进行变相商业广告宣传等现象，《广告法》予以了明确的法律层面的规定。

七、"法律、行政法规规定禁止的其他情形"

本款规定是指除《广告法》以外其他法律、行政法规所规定的禁止性情况。

前几年，一则人体彩绘广告在南昌曾经引起社会各界的广泛关注。该广告上是一个靓女的裸背，左肩背部写了两个醒目的红色大字"千年"，右肩背部用青色绘上了一座山峰，背中部写着"南酸枣糕"，右下方则画有新鲜的南酸枣果子，腰间绘有一棵迎客松，该靓女手拿一颗"南酸枣糕"置于肩头，回眸一笑，旁边是广告语"亲亲一口，回味千年"。南昌市工商局广告科负责人说，《广告法》明确规定，广告不得妨碍社会公共秩序和违背社会良好风尚。这则人体彩绘广告显然"违背社会良好道德风尚"，其所用词语也有暧昧之嫌，易使消费者产生误解和联想，不符合社会主义精神文明建设要求，必须禁止使用。广告词"亲亲一口"，亲什么？"南酸枣糕"是吃的，山水画是看的，面对这位裸背靓女，"亲亲一口"极易让人产生误解。这样的广告及图案太过追求感官刺激，不符合中国的传统习俗和社会伦理道德。江西省社科院法学研究所所长王国良针对该广告评论道：任何广告都要遵循"公序良俗"的原则，这涉及一个社会公共道德问题，遵守公共秩序和善良风俗是每个公民应尽的责任。广告作为一种促销手段，它同时也在传播一种文化，体现一种道德观和价值观。江西省工商局商标广告监督管理处助理调研员陈一和说，广告既是一种市场营销手段，同时也在传播一种文化，因为广告没有特定的对象，上至老人,下至小孩,都是广告的受众,这样我们就要考虑保护未成年人和没有行为能力的人的权益。这则靓女裸背广告如果让未成年人看到了,有可能会产生不良的影响。南昌大学一位教授也说,现在很多广告都在打"擦边球",哗众取宠、故弄玄虚、格调低下,像这则广告,就有暧昧之嫌,至少它是对女性的不尊重,特别是厂家借此片面追求感官刺激,以达到商业利益,这是有违社会良好风尚的。对于这一案例,可以依照其他相关法律规定中的条款予以查处。[①]

2005年1-2月,吉林电视台播出旺旺的产品广告,广告中说唐先生家近两年没有收到陈先生送来的旺旺大礼包,因而个人事业和家庭生活从直线上升、旺上加旺变成了直线下滑、倒霉透顶。当唐先生的儿子用攒下的零钱买来旺旺大礼包送给他后,他顿时泪流满面,跪倒在了旺旺大礼包面前。这条广告虽然明面上找不出违反了《广告法》中的哪一条具体条款,但是,在广告中做如此煽动性的虚假宣传,则同样要按照其他法律法规中的条款予以处罚。

第三节　广告内容准则解读(B)

《广告法》第十条规定:**广告不得损害未成年人和残疾人的身心健康。**

未成年人指未满18岁的青少年,他们生理和心理方面与成年人有着一定的差别,人生观、价值观还未形成,因此,如果在广告活动中出现引诱、误导未成年人的画面、语言等,就可能对青少年的成长产生很不良的影响。当前,有不少广告出现儿童娇惯成性、自私霸道、不尊重别人的内容,这明显与社会主义精神文明建设背道而驰,对青少年的成长更是起到了不良的导向作用。对此,《广告法》第十条明确规定:**广告不得损害未成年人和残疾人的身心健康。**

有一个让人害怕的现实例子,2005年11月12日,山东卫视《法制》栏目报道了一个案件:山东省某地有一个叫小文的14岁女孩被绿力的一条所谓增高保健食品虚假广告吸引,产生了服用该产品让自己身体快速增高的想法。但是因为广告中宣传购买1盒该保健食品就要1500元,一个疗程至少要3盒,而小文只是一个辍学在家的孩子,根本就没钱购买,但是广告中神乎其神的宣传又着实让她大为心动。最后,在广告一次次的诱惑下,她竟然残忍地杀死了自己的亲舅舅,抢了舅舅的钱去购买该保健食品。对于这样的广告宣传行为必须依法予以严厉打击。

《中华人民共和国残疾人保障法》第三条规定:"残疾人在政治、经济、文化、社

① 参见崔银河:《广告策划与创意》,中国传媒大学出版社2007年版,第119页。

会和家庭生活等方面享有同其他公民平等的权利”，“残疾人的公民权利和人格尊严受法律保护”，“禁止歧视、侮辱、侵害残疾人”。为了更好地执行《中华人民共和国残疾人保障法》中的相关规定，同时也为了保障残疾人的合法权益和人格尊严，《广告法》特地制定了“不得损害残疾人的身心健康”的条款，目的就是要使我们的广告活动沿着社会主义精神文明建设的轨道向前发展，全力打造出一个和谐的社会。

《广告法》第十一条规定：**广告内容涉及的事项需要取得行政许可的，应当与许可的内容相符合。**

《广告法》第十一条同时规定：**广告使用数据、统计资料、调查结果、文摘、引用语等引证内容的，应当真实、准确，并表明出处。引证内容有适用范围和有效期限的，应当明确表示。**

本条款是关于广告内容涉及的事项以及对广告宣传中引用有关材料要求的规定。在市场经济条件下，企业组织或个人为了让自己的产品或者服务更好地实现盈利，常常会在广告宣传中夸大描述，将其产品或服务涉及的事项尽可能扩散，为其造势，并经常采用非严格考证的数据、统计资料、调查结果等进行宣传，使消费者误认为该产品或服务的质量、功能、效果等方面在同类产品中具有明显的优势，因而选购该产品或者服务。基于这一现象的不断发生，《广告法》对此做出了专门规定，要求广告主明确标示引证内容的适用范围和有效期限，目的就是要防止广告主毫无根据地使用统计资料、调查结果、文摘、引用语等，以增强社会公众对广告的信任感。

各大卫视曾经热播过一个“陈老师泄油瘦身汤”的广告，该产品采用电视广告、植入式广告等方式，宣传其产品配方为人参、桃花、枸杞、当归、荷叶、茯苓、黄芪，“30 天瘦 30 斤……中老年便秘、三高、脂肪肝问题也能解决”，“已经有几万人喝陈老师泄油瘦身汤瘦下来了”，“不到一个月，一般人都达到理想体重，体重 200 多斤的，3 个月内也能拥有标准的好身材”等用语毫无科学依据。经查，该产品实际名称为“陈老师荷之茶”，其实际配料为绿茶、荷叶、黑芝麻、山楂、决明子、海藻和甘草，而其广告中使用的数据无法证明其真实性、准确性，也未表明出处；广告还使用消费者的名义及形象做证明，前后在全国各地多家媒体进行宣传，影响恶劣。此违法广告的广告主所在地工商机关对其处以 15 万元的罚款。随即，国家新闻出版广电总局下发通知，停播了以节目形式变相兜售“陈老师泄油瘦身汤”的《瘦身大赢家》节目，称其在节目中存在夸大夸张宣传、误导消费者等问题。

又如，山西广播电视台利用自有的山西卫视频道于 2015 年 4－5 月间发布了

“十大传世名画”广告及“十二幅书画真迹大全套”广告。其中,“十大传世名画”广告不仅邀请著名播音主持人赵某、表演艺术家侯某以及收藏鉴赏家韩某介绍收藏经典画作的意义,还宣称“现为了弘扬民族文化,响应国家号召,免费藏宝于民,全国限量版‘十大传世名画’震撼发行,发行价 388800 元,我们栏目在全国范围内推出了文化惠民免费发放活动,节目中前 300 名打进电话的观众,‘十大传世名画’免费送到您家……国宝‘十大传世名画’限量 2000 套,为确保持有者有升值空间,绝不增加发行……‘十大传世名画’由国家权威部门监制发行,都有国家收藏证书、监制证书,还有专用发票,一应俱全,请广大收藏者放心”。“十二幅书画真迹大全套”广告中则含有“十二幅书画真迹,依照文化兴国、书画进万家的惠民工程发行……十二幅书画真迹,总价值 70 余万元,将十二幅真迹墨宝无私奉献分文不取”等内容。山西省工商局经调查认定,山西广播电视台对外发布的“十大传世名画”及“十二幅书画真迹大全套”广告中使用的数据及引用语不能证明其真实性及准确性,并且出处不明,其行为违反了《广告法》的规定,在综合考虑当事人及时停止发布该违法广告的事实的基础上,决定没收山西广播电视台广告收入 12375 元,并对其处以广告收入 3 倍的罚款 37125 元,合计 49500 元。①

据媒体报道,以虚假数据、统计资料、调查结果进行引证的广告宣传现象比比皆是、层出不穷,经过对全国 30 多个城市进行调查,查出并经有关专家确认涉嫌虚假宣传的“世界名牌”“中国名牌”“中国公认名牌”以及其他含有乱评比、乱评奖、乱排序内容的、无效荣誉内容的广告十余类 300 多条,涉及 20 多个行业近 200 余种产品。宣称其产品“×天见效”“×周改善”“×月治愈”的广告虚假数据引证充斥耳目,从日化产品的随意引用数据到医疗保健品的“重灾区”,涉及百姓生活的方方面面,与人民群众的吃穿住行息息相关,对于此类广告的治理整顿已到了迫在眉睫的时刻。

经调查发现,以虚假引证进行广告宣传的方式多种多样,以出现在广告牌和产品外包装袋上的不实数据、假证明、假奖状为最。为了让消费者及时看到产品的虚假广告宣传内容,有的把获得的“荣誉”铜牌摆放在售货柜台的醒目位置上,或把“荣誉”称号标注在产品说明书上、印在防伪信誉卡上或外包装袋(箱)上;也有的制作成灯箱或路牌,架设在商场内或街头路旁;还有的出现在广告宣传单或报、书、刊广告上。

同时,虚假引证广告宣传的名目繁多,内容五花八门。从借助官方认证排序,

---

① 崔燕:《虚假广告知多少》,《当代学术论坛》,2016 年第 1 期。

如“20 世纪中国‘3·15’备忘录推介企业”“跨世纪上榜品牌”“中国食品、日用品 500 领先品牌”等，到具体数据、统计资料调查结果精确到“天、周、月”以及“个人、集体”，这些“无效荣誉”和“虚假荣誉”称号，以及“虚标数据”已经到了让消费者眼花缭乱、无所适从的地步，扰乱了市场运作的正常秩序。例如浙江省 2014 年 10 月查处的舟山曙光门诊部有限公司利用互联网发布虚假广告案件。当事人舟山曙光门诊部有限公司自设网站，宣称“与美国多家国际机构建立长期的技术联盟合作体系，多年被舟山市卫生行政部门评为先进医疗单位、技术创新标杆单位、省级物价计量信得过单位、舟山市慈善医疗定点医院等”。经查，网站中所宣传的上述内容与实际情况明显不符。当事人发布虚假广告违反了《广告法》的相关规定，浙江省工商机关对此案进行了立案查处。

在广告活动中，广告内容应大力提倡引证引用的严谨性，引证内容要有据可查，以树立广告的公信度。例如 iPhone 手机在其影视广告“令人惊叹的 App”中，广告尾端屏幕画面明显标示“App 来自 App Store，数据为 2015Apple Inc. 全球统计结果”就清晰地标示了数据来源及形成时间。广告法本条规定对于严格限定广告引证内容，建立良好的广告竞争市场秩序具有积极意义。

《广告法》第十二条规定：**广告中涉及专利产品或者专利方法的，应当标明专利号和专利种类。未取得专利权的，不得在广告中谎称取得专利权。禁止使用未授予专利权的专利申请和已经终止、撤销、无效的专利作广告。**

2010 年 1 月 9 日《国务院关于修改〈中华人民共和国专利法实施细则〉的决定》正式颁布，随后历经两次修订后的《中华人民共和国专利法实施细则》公布并施行，依据上述细则而修正的《中华人民共和国专利法》(后文简称《专利法》)第二条规定：“本法所称的发明创造是指发明、实用新型和外观设计”三种专利。

《专利法》第五条规定：“对违反法律、社会公德或者妨害公共利益的发明创造，不授予专利权。”

《专利法》第四十二条规定：“发明专利权的期限为二十年，实用新型专利权和外观设计专利权的期限为十年，均自申请日起计算。”

《专利法》第六十条规定：“未经专利权人许可，实施其专利，即侵犯其专利权，引起纠纷的，由当事人协商解决；不愿协商或者协商不成的，专利权人或者利害关系人可以向人民法院起诉，也可以请求管理专利工作的部门处理。管理专利工作的部门处理时，认定侵权行为成立的，可以责令侵权人立即停止侵权行为，当事人不服的，可以自收到处理通知之日起十五日内依照《中华人民共和国行政诉讼法》向人民法院起诉；侵权人期满不起诉又不停止侵权行为的，管理专利工作的部门可以申请人民法院强制执行。进行处理的管理专利工作的部门应当事人的请求，可以就侵犯专利权的赔偿数额进行调解;调解不成的，当事人可以依照《中华人民共和国民事诉讼法》向人民法院起诉。”

《专利法》第六十三条规定:“假冒专利的，除依法承担民事责任外，由管理专利工作的部门责令改正并予公告，没收违法所得，可以并处违法所得四倍以下的罚款;没有违法所得的，可以处二十万元以下的罚款;构成犯罪的，依法追究刑事责任。”

根据《专利法》中的规定我们知道，专利一般有两种含义:一种是指专利权，即权利人对其享有的专有的、排他性的权利，也就是国家给予发明创造者独占使用其发明的权利;另一种是指取得的发明创造本身。近些年，不少企业往往在产品尚未获取专利权时就在广告宣传中大打已获取某项专利权的卖点，试图以此手法诱导消费者信任该产品，从而达到预期的市场营销目的。为了防止这一现象扰乱和破坏市场经济运作秩序，《广告法》第十二条对此专门作出了规定。

从本条款中可以看到，专利广告的内容必须要保证专利广告真实、合法，《广告法》为此专门规定了涉及专利内容的广告准则。

专利权是《专利法》对其保护对象即发明创造者的权属认定。因而，在《广告法》中对于专利权以及专利产品的保护是保障发明人的劳动成果不受侵害的一项举措，同时更是对消费者不被虚假广告诱惑的一个法规保证。

专利制度建立数十年来，我国专利的申请量和授权量持续高速增长。2015年上半年，国家知识产权局受理三种专利申请112.4万件，同比增长20.5%，共授权专利74.9万件，同比增长26.4%。[①] 同时，知识产权系统的专利执法办案数量也在增长，通过2014年知识产权系统专利执法办案数据与2013年数据对比分析可以发现，2014年，专利行政执法办案总量首次突破2万件，达到24479件，同比增长50.9%。其中，专利纠纷案件8220件(其中专利侵权纠纷7671件)，同比增长62.6%;假冒专利案件16259件，同比增长45.5%。[②] 从这些数字中可以看出，自《专利法》实施以来，我国对专利权的保护已经取得了很大的成就。

《广告法》第十二条同时规定:**未取得专利权的，不得在广告中谎称取得专利权。禁止使用未授予专利权的专利申请和已经终止、撤销、无效的专利作广告。**

上述两款主要是针对广告中利用专利权这一卖点来诱导、欺骗消费者，使其上当的违法广告行为所作出的规定。与此同时，依照《中华人民共和国专利法实

① 见国家知识产权局:《2015年上半年我国专利申请授权及有效专利状况报告》，2015年9月6日。

② 见国家知识产权局:《知识产权系统2014年与2013年专利执法办案数据对比分析》，2015年1月7日。

施细则(2010修订)》第八十四条规定,下列行为属于《专利法》第六十三条规定的假冒专利的行为:

(一)在未被授予专利权的产品或者其包装上标注专利标识,专利权被宣告无效后或者终止后继续在产品或者其包装上标注专利标识,或者未经许可在产品或者产品包装上标注他人的专利号;

(二)销售第(一)项所述产品;

(三)在产品说明书等材料中将未被授予专利权的技术或者设计称为专利技术或者专利设计,将专利申请称为专利,或者未经许可使用他人的专利号,使公众将所涉及的技术或者设计误认为是专利技术或者专利设计;

(四)伪造或者变造专利证书、专利文件或者专利申请文件;

(五)其他使公众混淆,将未被授予专利权的技术或者设计误认为是专利技术或者专利设计的行为。专利权终止前依法在专利产品、依照专利方法直接获得的产品或者其包装上标注专利标识,在专利权终止后许诺销售、销售该产品的,不属于假冒专利行为。销售不知道是假冒专利的产品,并且能够证明该产品合法来源的,由管理专利工作的部门责令停止销售,但免除罚款的处罚。

由此可以看出,国家为了保护专利权人的合法权益不受侵犯,除了在《广告法》中作出具体规定外,还通过制定专业法的形式予以了规范。因此,在广告宣传中就要格外注意此类违法现象的发生,保证产品的宣传介绍真实可信,让老百姓认可该产品,而不是因为人为的造假而使得消费者痛恨该产品,否则广告主会一败再败,企业会陷入人为的困境中,最终落得搬起石头砸自己脚的下场。

《广告法》第十三条规定:**广告不得贬低其他生产经营者的商品或者服务。**

贬低其他生产经营者的商品或者服务的违法广告近些年来不断出现,其主要表现形式是用贬低竞争对手的方式宣传自家产品的独到好处。

2013年5月19日,在湖南卫视播出的《做辣妈不做大妈》节目中,为了证明湖南千金养生坊健康品股份有限公司生产的千金极胶胶原蛋白粉优于市场上的同类产品,主持人将上海美芙诺生物科技有限公司旗下的美诺诚品MiNOCN深海鱼胶原蛋白粉作为伪劣产品,与之进行了不正当对比。节目中,主持人将三个条状包装的粉末样商品分别倒入三个水杯中观察其溶水情况,中间一个商品的条状包装上清晰显示出“MiNOCN”字样。并且主持人在评价该产品时还使用了“伪劣产品”“有大量的脂肪和杂质”“估计纯度不足30%”等用语。快乐淘宝公司、千金公司在各自网站上都播放了上述节目,优酷网和土豆网也为网友提供了该节目的播放服务。该节目导致自 2013 年 5 月底开始,美芙诺公司市场冷清、销售额大幅下滑。

为维护自身权益,美芙诺公司将湖南卫视、快乐淘宝公司、千金公司、优酷网以及土豆网一并诉至法院,要求被告停止发布和传播涉案侵权节目视频并予以删除,此外还要求赔偿经济损失。上海浦东法院审理后认为,将某个商品定性为伪劣产品,是对商品声誉、商家信誉的严重负面评价,在广告中公开将竞争对手的商品认定为伪劣产品,属于严重贬低竞争对手的商业诋毁行为;涉案节目具有广告性质,以所谓对比试验的手法,得出原告产品系伪劣产品的无事实与科学依据的结论对原告造成了损害,构成了对原告进行商业诋毁的不正当竞争行为;被告千金公司是涉案广告的实际广告主,在制作、传播涉案节目方面与被告快乐淘宝公司具有共同侵权的行为,双方分工合作,共同实施了不正当竞争行为,构成共同侵权;被告湖南卫视对广告性质的节目未尽到合理的审查义务,明知或应知涉案广告的播出将损害被对比商家即原告的合法权益,但放任损害后果的发生,其传播涉案节目的行为具有主观过错,构成共同侵权;被告优酷网及土豆网及时删除了涉案视频,其提供网络存储空间的服务行为不构成侵权。据此,判决节目制作公司以及千金公司赔偿美芙诺公司经济损失费 10 万元、律师费两万元及公证费 13330 元,湖南卫视承担连带赔偿责任。①

除在广告中不能对同类型产品、品牌及服务进行贬低之外,对于不同类型的产品、品牌与服务,同样也不能够贬低。2011 年,武汉市世界城商业经营管理有限公司发布楼盘广告,其广告语称"宝马 1 可以努力成长为宝马 7,而 QQ 永远不能",因为宝马、QQ 均为汽车品牌,其广告文案涉嫌贬低其他生产经营者的商品,武汉东湖工商分局依据相关法律法规,责令该广告主改正违法行为,并处罚款 5000 元。

广告必须符合商业公平竞争原则,这也是广告行为规范中的一个国际惯例。违法比较广告是对公平竞争原则的破坏,同时也扰乱了社会主义市场经济秩序的正常运作,所以在《广告法》中特地对比较广告作出了限制性规定。

《广告法》第十四条规定:**广告应当具有可识别性,能够使消费者辨明其为广告。**

大众传播媒介不得以新闻报道形式变相发布广告。通过大众传播媒介发布的广告应当显著标明"广告",与其他非广告信息相区别,不得使消费者产生误解。

广播电台、电视台发布广告,应当遵守国务院有关部门关于时长、方式的规

---

① 《湖南卫视播放对比广告被起诉 严重贬低竞争对手被判赔 10 余万元》,《人民法院报》,法治湖南网,2014 年 7 月 8 日。

定，并应当对广告时长作出明显提示。

这一条款的主要目的在于使消费者能够区别广告与非广告，要求广告具有可识别性。具体来讲，不管是形式还是内容上或者发布方式，广告主都应使普通消费者能够明辨其广告性质而不致产生误解。从《广告法》的角度理解就是应当对其所做广告标注明显标志。此外，在非汉语性的大众媒介，如外文报纸、杂志或外语电台、电视台上插入、刊登广告时应有英语广告一词的缩写“AD”，使其与其他信息区别开来。

当前，违反这一规定的最显著表现就是新闻式广告，又叫软文。所谓新闻式广告，是指大众传播媒介以新闻报道的形式发布商业广告。这类广告或以新闻发布会的形式介绍企业产品或企业形象；或以新闻采访的形式，通过采访人和被采访人之口说出企业、商品或服务的特点；或以专题片的方式，集中介绍企业形象、经营方针、产品商标等有关情况。该现象又被学术界称为隐形广告。报道中大多涉及企业的历史、生产、管理、竞争力、行业优势、企业文化等内容，采用“通讯”“评论”“消息”“人物专访”“专家访谈”“纪实报道”“专家咨询”“科普宣传”等样式。这类广告具有一般新闻报道的外在形式，通常没有明显的产品销售信息，且不在标有“广告”字样的版面中，因此具有很强的隐蔽性。新闻式广告从表面上看是新闻报道，但实际上的宣传效果却是广告。这种违法广告行为常常会让消费者产生很大的误解，并引诱消费者购买。

除此之外，还有一些广告采用新闻报道和广告混合的形式。一种是将新闻报道与广告有意分离，这种分离可能是版面上的分离，例如把关于蜂皇浆功能的软文放置在新闻版，而把蜂皇浆广告放置在广告版中；也可能是时间上的分离，如把软文与广告安排在不同日期的报纸中；还可能是报纸的分离，即把广告置于报纸A中，而把软文置于报纸B中。另一种是软文与广告放在同一个版面上，或合二为一。在这种组合中，广告属性的隐蔽性较差。常见的弥补手法是将软文安排在“特别报道”“健康专栏”等版面，或者虽将软文安排在广告版面，但减弱广告标识的视觉吸引力，并在行文中刻意采用新闻报道的风格等，使读者忽略版面标记和软文的推销性质。可以说，这一类软文的形式游走在广告和新闻报道之间，进而也游走在违法与合法之间。[①]

据新闻网报道，2006年高考前后，天津、大连等地的一些媒体上出现了一篇新闻报道式的广告文章。文章以专访形式，追述了2005年湖南省文科“状元”陈

---

① 应飞虎、葛岩：《软文广告的形式、危害和治理——对〈广告法〉第13条的研究》，《现代法学》，2007年第5期。

某从一个“差等生”成为“高考状元”的经历。文章引用陈某自述:“学习曾让我绝望过……我不知偷偷哭了多少次”,“后来,妈妈经同事介绍,买回一台家教机,用了3个多月,成绩从原来班里的中下游成了年级前几名。最后如愿考上了北大……”文章刊出后,引发了该品牌家教机的热销。但是,当记者找到陈某及其家人求证时,陈某母亲却说:“孩子成绩一直很好,家教机从没听说过,更没有买过。”陈某自己也说:“我从没有用过家教机。去年高考分数下来后,厂家找我联系,要我为他们的家教机代言。双方就签了协议,做了广告。”这是一起典型的用新闻报道方式发布虚假广告的案例。

针对此类广告,国家工商行政管理局早在1997年2月就发布了《关于制止调查采访形式广告的通知》。通知中说:

> 近来,一些电视广告采用调查采访形式,即在“市场调查或采访”的特定场景中,通过“记者”或“市场调查人员”与“消费者”双方问答进行调查采访,由特定的“消费者”讲述自身体验与感受,介绍产品或服务的优点、特点,这是典型的以新闻报道形式发布广告。为制止此类形式的广告,现将有关规范性意见通知如下:
>
> 一、上述调查采访形式的广告,由于使用特定的场景设计和特定的人员表演,产生了客观介绍或报道的效果,极易对消费者造成误导。此类广告,违反了《广告法》第13条规定。
>
> 二、对于使用调查采访形式的电视广告,无论是否具有广告标记,均应制止。对于继续设计、制作、代理、发布上述广告者,依照《广告法》第40条规定处理。
>
> 三、对于报纸、杂志、广播等媒介发布的调查采访等客观报道形式的广告,应参照本通知的精神办理。

《广告法》对于此类广告有了进一步的规定,不但要求大众传播媒介不得以新闻报道形式变相发布广告,在播出时要明示“广告”,而且对于广告播出的时长也作出了明确要求。

在社会主义市场经济条件下的现代社会里,医疗、药品、医疗器械、保健食品等这些特殊性商品的广告及服务与人民群众的身体健康息息相关,直接涉及人民群众的健康甚至生命安全,属于国家实行特殊管理的产品,因此《广告法》第十五条至第十九条对此专门作了详细规定,下面一一解读其具体条款。

《广告法》第十五条规定：**麻醉药品、精神药品、医疗用毒性药品、放射性药品等特殊药品，药品类易制毒化学品，以及戒毒治疗的药品、医疗器械和治疗方法，不得作广告。**

前款规定以外的处方药，只能在国务院卫生行政部门和国务院药品监督管理部门共同指定的医学、药学专业刊物上作广告。

2015 年 4 月 24 日发布的《中华人民共和国药品管理法》第三十五条中规定："国家对麻醉药品、精神药品、医疗用毒性药品、放射性药品，实行特殊管理。管理办法由国务院制定。"第四十五条规定："进口、出口麻醉药品和国家规定范围内的精神药品，必须持有国务院药品监督管理部门发给的《进口准许证》、《出口准许证》。"因为麻醉药品、精神药品、医疗用毒性药品、药品类易制毒化学品以及戒毒治疗药品、医疗器械和治疗方法，均属于特殊药品、产品或特殊治疗手段，不能被当成一般商品进入市场流通，其生产者、经销者、使用者都不是具有一般资格的市场主体和消费者，他们之间的相关信息联络不是依靠广告，而是由国家统一组织调配的，因此也就没有必要发布广告。依据此实际情况，《广告法》第十五条对上述几种特殊药品及特殊治疗手段作出了不准许进行广告宣传的规定。

处方药就是必须凭执业医师或执业助理医师处方才可调配、购买和使用的药品。药物作为维护人类健康的特殊物品，在研制、生产、销售、使用的各个环节都受到相应法规的严格控制，参与这些环节的组织机构或者个人都需要政府主管部门授予相应的权限。国家药品监督管理局自 2000 年 1 月 1 日起施行的《处方药与非处方药分类管理办法(试行)》第十二条规定："处方药只准在专业性医药报刊进行广告宣传，非处方药经审批可以在大众传播媒介进行广告宣传。"《广告法》在第十五条规定中新增了"前款规定以外的处方药，只能在国务院卫生行政部门和国务院药品监督管理部门共同指定的医学、药学专业刊物上作广告"的规定，进一步指定了处方药广告发布的载体，规范了药品广告的发布行为。

对药品和医疗器械的界定通常是这样的："药品是指用于预防、治疗人的疾病，有目的地调节人的生理机能并同时规定有适应症、用法和用量的物质，包括中药材、中药饮片、中成药、化学原料药材及其制剂、抗生素、生化药品、放射性药品、血清疫苗、血液制品和诊断药品等。

"医疗器械是指用于人体疾病诊断、治疗、预防，调节人体生理功能或者替代人体器官的仪器、设备、装置、器具、植入物、材料及其相关物品。"①

---

① 《辞海》，上海辞书出版社 1999 年版，第 936 页。

由于药品和医疗器械直接关系到人民群众的身体健康和生命安全,属于国家实行特殊管理的产品,药品、医疗器械和广告宣传必须做到真实和内容表述准确。

第四节　广告内容准则解读(C)

《广告法》第十六条规定:**医疗、药品、医疗器械广告不得含有下列内容:**

第一,含有表示功效、安全性的断言或者保证。

违反科学规律,明说或者暗示能够包治百病的广告语,比如"一用就见效""包治百病"或者"药到病除""安全无副作用"等断言和保证;隐含根治、治愈等保证语言,像"无效退款""保险公司保险"等,这些内容都是不允许在广告中出现的。因为就目前的医疗科学技术水平来讲,还没有出现能包治百病的"灵丹妙药"。

第二,说明治愈率或者有效率。

有些广告宣称某某药品对某种疾病的治愈率达到99%以上、95%以上等,这样的保证话语纯属骗人。药品的疗效究竟如何,除了药品自身的原因外,还涉及患者本人的身体状况、患病原因等诸多因素,对某些患者有一定治愈率的药品,不一定适合所有的患者。据有关专家经实验后得出的结论:且不说那些疗效不是很快的中药,就是任何一种西药在进行动物实验和临床实验时,明显的有效率一般也只是7%-8%,只有个别的可达10%左右,无疗效的则要占到10%左右,中间大部分是有一点疗效但又不具有明显的效果,因此在广告中宣传治愈率、有效率是没有科学依据的。《广告法》正是鉴于这一科学鉴定,为了防止在药品广告中误导患者才作出了上述规定。

第三,与其他药品、医疗器械的功效和安全性或者其他医疗机构比较。

由于药品和医疗器械只是针对某一种、某一类疾病研制出来的,不同的药品和医疗器械只适用于不同的病症,所以《广告法》规定:药品、医疗器械广告不仅不能贬低其他药品和医疗器械,更不能相互比较。

第四,利用广告代言人作推荐、证明。

如果在广告中利用广告代言人作推荐、证明,在广告中出现的无论是医药科研单位、学术机构,还是医疗机构或者专家,抑或明星,或普通病患者作推荐,都会在无形之中利用专门从事医学研究和医疗工作的单位和人员在普通百姓心目中的权威性或明星效应,或者病患者本身的可信度,对受众产生较强的诱导作用。近些年来,以医生、专家或者患者的名义在药品、医疗广告中作宣传的现象有日趋严重的态势,各地的媒介也经常报道因受此类广告的诱导而给患者身心造成伤害的案例，这一严重违法现象已经引起了国家工商行政管理机关的高度重视，有鉴于此，《广告法》直接明令禁止在医疗、药品、医疗器械广告中使用广告代言人。

第五，法律、行政法规规定禁止的其他内容。

除了《广告法》第十六条前四款规定的情形外，其他法律、行政法规，如《药品广告审查标准》《医疗器械广告审查标准》等相关法规中对医疗器械、药品广告的发布标准又作了进一步的具体规定，因此在药品、医疗器械的广告宣传中必须严格遵守、执行国家的相关法律规定。

2015 年 4 月，国家食品药品监管总局在关于 2015 年第一季度违法药品医疗器械保健食品广告汇总情况的通报中指出，2015 年第一季度各省（区、市）食品药品监管部门以发布《违法广告公告》的方式，通报并移送同级工商行政管理部门查处的药品违法广告共 41096 条次、医疗器械违法广告共 2882 条次、保健食品违法广告共 9956 条次。其中 38 个药品和 18 个保健食品广告因严重篡改审批内容进行违法宣传而被撤销或收回广告批准文号。对违法广告涉及的产品共采取暂停销售、限期整改措施 41 次。[①] 这一数字说明，当前仍然有许多不法医疗药品广告在顶风违法传播，必须引起人们的高度警惕。

目前违法问题比较突出的广告仍然主要集中在保健食品和医疗服务方面，在电视和电台广告中此类情况尤为严重。这两类违法广告主要是抓住消费者治病健身心切的心理，利用患者形象，以一些小故事的形式作夸大或虚假的宣传，广告内容极具蛊惑性和煽动力，给消费者带来了极大的危害。各类媒体由于传播特点不同，违法广告的情况也各有侧重。

近几年医疗、药品、医疗器械的虚假违法广告一直屡禁不止，它们误导患者，引发不少医患问题，对社会造成了不良影响。究其原因："一是医疗机构数量猛增，竞争愈来愈烈，片面追求经济效益；二是媒体经费保障不足，造成医疗广告的'多而乱'；三是部门监管执法配合不够；四是巨大的利润空间，诱使广告发布单位违规发布。"[②]在经济利益的驱使下，一些药品生产厂家和医疗机构夸大产品疗效或进行虚假宣传，以谋取不当之利，丝毫不顾及人民群众的生命安全和身体健康。为了维护广大人民群众的生命安全和身体健康，当然应当加强监管配合，加大对违法广告的综合整治力度，同时加大处罚力度。只有加大造假者的违法成本，才能真正有效地制止违法医疗、药品广告的传播。

---

① 国家食品药品监管总局：《国家食品药品监管总局关于 2015 年第一季度违法药品医疗器械保健食品广告汇总情况的通报》。

② 周发仁等：《关于提高医疗广告监管水平的思考》，《中国工商报》，2013 年 6 月 4 日第 B03 版。

为了进一步规范药品广告的发布前审查制度,国家食品药品监督管理局于2006年9月30日制定了《药品医疗器械保健食品广告复审制度(暂行)条例》,其第二条规定:“各省(区、市)食品药品监督管理部门依法对药品、医疗器械和保健食品广告进行审查,对审查批准的药品、医疗器械和保健食品广告负责。”这就再次规定了药品、医疗器械和保健食品广告必须进行发布前审查,而对其进行审查的机关为各省、自治区、直辖市食品药品监督管理部门。各省、自治区、直辖市食品药品监督管理部门应设立专门审查机构,必须有一批专业审查人员负责对上述广告进行发布前的审查工作。

为了维护广告业的市场秩序,打击违法、虚假医疗药品广告行为,国家食品药品监督管理局发布了《药品医疗器械保健食品广告复审制度(暂行)条例》,对那些在广告内容、诉求表现、广告语等方面容易引起百姓误解,以及有夸大、不实宣传的药品、医疗器械、保健食品等进行刊播前的复审。该条例还具体制定了13条复审规定。这一复审制度的实行,对《广告法》中的相关条款作了详细的补充说明,使得《广告法》中的法律条文更为严谨,对那些顶风发布违法广告的现象增加了法律威慑力。

为了保障人民群众的身体健康和安全用药,《广告法》第十六条规定:**药品广告的内容不得与国务院药品监督管理部门批准的说明书不一致,并应当显著标明禁忌、不良反应。处方药广告应当显著标明“本广告仅供医学药学专业人士阅读”,非处方药广告应当显著标明“请按药品说明书或者在药师指导下购买和使用”。推荐给个人自用的医疗器械的广告,应当显著标明“请仔细阅读产品说明书或者在医务人员的指导下购买和使用”。医疗器械产品注册证明文件中有禁忌内容、注意事项的,广告中应当显著标明“禁忌内容或者注意事项详见说明书”。**这一部分内容更加具体地规定了药品广告内容与药品说明书的一致性,且对处方药与非处方药以及医疗器械广告中需要显著标明的内容作了详尽说明。其目的就是让那些处方药在用于患者治疗时慎之又慎,从而更好地保护患者的身体不受伤害。

2015年10月,国家食品药品监督管理总局撤销了14家生产企业(或证件持有者)涉及的15个产品55个广告批准文号,这些均为发布篡改广告审批内容,进行违法扩大宣传功效的药品、医疗器械和保健品广告。这些违法广告均是通过大众媒体不科学地断言和保证药品功效,宣传治愈率和有效率,误导消费者,其中个别涉嫌虚假。[①] 对于这些违法行为,各级执法部门应当予以坚决查处与打击。

① 国家食品药品监督管理总局:《国家食品药品监督管理总局关于撤销55个违法广告批准文号的通告(2015年第75号)》。

《广告法》第十七条规定：**除医疗、药品、医疗器械广告外，禁止其他任何广告涉及疾病治疗功能，并不得使用医疗用语或者易使推销的商品与药品、医疗器械相混淆的用语。**

除医疗、药品、医疗器械广告外，生活中还有很多类型的广告经常涉及疾病治疗功能，或者使用医疗用语与药品、医疗器械相混淆。其中最常见的为食品广告、酒类广告、保健品广告、化妆品广告等。《广告法》对于酒类、保健品类有具体规定。下面就围绕食品及化妆品类广告，探讨其中的广告宣传禁忌。

食品是人们日常生活中维持生命、保证健康的必需品，因为食品必须由人直接食用经体内循环发生作用，因此，食品卫生就直接关系到人的身体健康。民以食为天，日常生活中老百姓最关心的莫过于此，但有一些不良商家利用人们的这种心理，在食品广告宣传中添加了疾病治疗功能等夸大、虚假信息，诱导消费者购买，损害消费者的权益。

例如 2015 年 11 月，浙江省湖州市长兴县市场监管局查处了一批药店，原因是长兴县市场监管局执法人员在检查中发现，该县夹浦镇部分药店在销售玛咖产品时涉嫌虚假宣传。这些药店有的在店门口和产品货柜上制作了专门标示牌，上面写着“中国好玛咖”“提高免疫力”“改善睡眠质量”等吸引顾客的字样；有的自行制作宣传册放在产品包装盒内，表示该产品可以“改善性功能、增强性欲、提高生育能力”“防癌抗肿瘤”“抗疲劳”；还有的经销商自行制作包装袋，将散装玛咖产品进行包装，并在外包装上宣传其具有“激励脑力、调节荷尔蒙”的功效。执法人员在对当地销售的各类玛咖产品进行初步调查后发现，市面上对外销售的玛咖产品标注的是“QS”标志，也就是说，这类产品是以食品标准进行生产的，可以直接判定为普通食品。对于只是普通食品的玛咖，经营者自行制作这些宣传标语，涉嫌虚假宣传。为此，长兴县市场监管局对四家涉嫌夸大玛咖产品功效的药店开出了 5 万元的罚单，同时责令其停止虚假宣传。

针对食品广告，除《广告法》之外，国家还出台了各种相关的政策法规，予以补充、综合治理。针对药品、保健食品，于 2015 年 10 月 1 日正式颁布实施的《中华人民共和国食品安全法》第七十一条规定：“食品和食品添加剂的标签、说明书，不得含有虚假内容，不得涉及疾病预防、治疗功能。生产经营者对其提供的标签、说明书的内容负责。”第七十三条规定：“食品广告的内容应当真实合法，不得含有虚假内容，不得涉及疾病预防、治疗功能。食品生产经营者对食品广告内容的真实性、合法性负责。”“县级以上人民政府食品药品监督管理部门和其他有关部门以及食品检验机构、食品行业协会不得以广告或者其他形式向消费者推荐食品。消费者组织不得以收取费用或者其他牟取利益的方式向消费者推荐食品。”第一百四十条规定:“广告经营者、发布者设计、制作、发布虚假食品广告,使消费者的合法权益受到损害的,应当与食品生产经营者承担连带责任。”“社会团体或者其他组织、个人在虚假广告或者其他虚假宣传中向消费者推荐食品,使消费者的合法权益受到损害的,应当与食品生产经营者承担连带责任。”从以上规定可见,对只是普通食品的玛咖产品进行如此虚假宣传显然是违法的。针对食品的广告宣传严禁涉及疾病治疗功能,任何类似医疗用语或者易使推销的商品与药品、医疗器械相混淆的用语都要杜绝使用,以免引起消费者的误解。

化妆品是一种美容产品,但是其美容作用是有限的,如果允许广告主在广告中对美容作用进行夸大宣传,则会给消费者造成经济、身体和心理上的多重损害。2015 年 11 月,内蒙古自治区工商局公布了 2015 年第三季度自治区级媒体发布的严重违法广告名单,黑三宝染发剂化妆品广告名列其中,该广告宣传“白发不用染,28 天长出黑头发”,强调“黑三宝染发剂不仅仅能染发,而且还能令黑发重生,彻底解决脱发、白发问题”。其广告宣传画面及文案内容使用他人名义保证或以暗示方法使人误解其效用,对化妆品制法、效用进行虚假夸大宣传,构成了违法行为。中国消费者协会提供的数据显示,化妆品已经成为广大消费者日常生活中的必需品,我国化妆品市场销售额已从 1986 年的 3.5 亿元人民币上升到 2011 年的高达 1700 亿人民币。但是,在化妆品市场日益繁荣的同时,因化妆品广告夸大、虚假宣传而引起的违法案例也逐渐增加,这就亟须在法律层面对其进行严格规范。新修订《广告法》是对原《广告法》的充实和细化,其对于包括食品、化妆品等除医疗、药品、医疗器械之外的任何种类产品或服务的广告宣传,都“不得涉及疾病治疗功能,并不得使用医疗用语或者易使推销的商品与药品、医疗器械相混淆的用语”的规定,切实保护了消费者的身心健康,促进了社会主义和谐社会的建设。

《广告法》第十八条规定:**保健食品广告不得含有下列内容:**

(一)表示功效、安全性的断言或者保证;

(二)涉及疾病预防、治疗功能;

(三)声称或者暗示广告商品为保障健康所必需;

(四)与药品、其他保健食品进行比较;

(五)利用广告代言人作推荐、证明;

(六)法律、行政法规规定禁止的其他内容。

保健食品广告应当显著标明“本品不能代替药物”。

保健食品是食品的一个种类，具有一般食品的共性。国家食品药品监督管理总局2005年4月30日发布的《保健食品注册管理办法（试行）》第二条严格定义了保健食品。保健食品是指声称具有特定保健功能或者以补充维生素、矿物质为目的的食品，即适宜特定人群食用，具有调节机体功能，不以治疗疾病为目的，并且对人体不产生任何急性、亚急性或者慢性危害的食品。但在目前的广告宣传中，不少商家为了使自己的保健食品更好地获取市场营销份额与商业利润，大打保健食品有种种医疗功效的卖点，以此来误导消费者。

2015年11月，中国青年网称，九成以上保健品广告虚假违法，堪称“重灾区”。据国家食品药品监督管理总局对2012年全年和2013年1－3月期间全国118个省级电视频道以及171个地市级电视频道、101份报刊的监测数据可知，保健食品广告90%以上属于虚假违法广告。这些广告涉及的保健食品不仅没有保健功能，反而会使一些公众轻信功效、贻误病情。

例如一些保健品广告宣传常常以“表示功效、安全性的断言或者保证”为卖点。成都华德生物工程研究所（证件持有者）在为其保健食品华德虫草菌丝体片进行宣传时，通过报纸和电视媒介发布虚假违法广告，宣称“很多慢性病全面改善，病情全面康复，生活质量大幅提高；身体阴阳平衡，气血畅通了，白发变黑，恢复年轻态”等，该广告宣传就其产品功效做出断言。又如一些保健品在广告宣传中“涉及疾病预防、治疗功能”，中美艾尔（北京）国际生物医药技术有限公司（证件持有者）在为其保健食品万寿草牌灵芝灵芝孢子粉颗粒（无糖型）进行宣传时，通过电视媒介发布虚假违法广告，宣称其可“调节血糖，抗癌消炎，消除人体自由基，刺激胰岛素的分泌，改善睡眠，改善肠胃功能，提高免疫”等，其广告语涉及疾病预防、治疗功能。一些保健品广告在宣传中声称或者暗示“广告商品为保障健康所必需”。例如，黑龙江省济仁药业有限公司在对其生产的药品参鹿茶进行宣传时，通过报纸和电视媒介发布虚假违法广告，宣称“每天只需一袋茶，对细菌、毒素的正常代谢能力完全恢复，并随着尿液排出体外，前列腺病不再复发”，暗示该产品每天一袋即可保障前列腺病不再复发。一些保健品广告在宣传时“与药品、其他保健食品进行比较”，例如，天津市祥康保健用品科贸有限责任公司（证件持有者）在为其保健食品祥康牌祥康酒进行宣传时，通过广播媒介发布虚假违法广告，宣称其能“平稳降糖，修复细胞，是老年人唯一的依赖”等，利用“唯一”进行描述，无形之中与其他药品、保健品进行比较。还有一些保健品广告在宣传中“利用广告代言人作推荐、证明”，例如上海市徐汇区太安堂大药房连锁有限公司衡山路店就在药店玻璃门等处贴有明星陈宝国代言鸿茅药酒的广告，店内许多保健食品的外包装也使用了姚明、唐国强等明星形象进行代言,违反了《广告法》的规定。以上违法行为均受到了国家食品药品监督管理总局的通报批评,并受到了工商行政部门的处罚。

保健品的广告宣传不得含有“法律、行政法规规定禁止的其他内容”。1996年3月15日卫生部发布的《保健食品管理办法》第四条规定:“标签、说明书及广告不得宣传疗效作用。”第二十三条规定:“保健食品的标签、说明书和广告内容必须真实,符合其产品质量要求,不得有暗示可使疾病痊愈的宣传。”第三十条规定:“保健食品广告中宣传疗效或利用封建迷信进行保健食品宣传的,按照国家工商行政管理局和卫生部《食品广告管理办法》的有关规定进行处罚。”保健品的广告宣传既要符合《广告法》的规定,又要考虑其他法律、行政法规规定禁止的内容。

《广告法》第十九条规定:**广播电台、电视台、报刊音像出版单位、互联网信息服务提供者不得以介绍健康、养生知识等形式变相发布医疗、药品、医疗器械、保健食品广告。**

随着人们生活水平的日益提高,老百姓对健康服务的需求也越来越高。中国行业研究院调查数据表明,在我国15岁及以上调查人口中,有近一半的人会自己主动获取与健康相关的知识和信息,其中的主要信息来源渠道就是大众传媒。媒体作为广告载体,是广告传播的主要渠道,决定着目标受众接触媒体广告的可能性,媒体的公信力和吸引力对受众的影响非常巨大,它将影响受众能否认真、全面地接收和接受广告信息。

目前在我国主流媒体中,健康养生栏目数量众多,涵盖了包括广播电台、电视台、报纸杂志、互联网等多种形式的媒体。健康养生类栏目的不断涌现和形式的不断变化,既对健康知识与养生观念进行了传播,提高了人们的健康意识和健康素养,引发了人们对健康问题、养生问题的关注,强化了传媒的服务和教育传播功能。但与此同时,此类栏目也存在诸多问题,其中广播电台、电视台、报刊音像出版单位、互联网信息服务单位利用新闻报道或健康养生节目(栏目)等形式变相发布医疗、药品、医疗器械、保健食品广告等问题就非常严重。

业内人士就电视类养生栏目曾指出,眼下红红火火的各类养生节目,有近八成实为软广告,根本没有任何实质性内容,栏目背后是由保健品巨头集团打造的、靠养生专家推荐各类保健品的产业链条。他们借助娴熟的媒体运营手法,构筑连通电视、电话的完善的销售网络,不同程度地欺瞒消费者,最终获取巨大利润。虽然被欺骗的消费者众多,监管部门也不断接到投诉电话,不断取缔一些广告隐蔽性极强、以介绍健康、养生知识等形式变相发布的保健食品广告,但这些栏目仍然以不断更名、更换养生专家的方式继续出现在大众视野中，不断诱导消费者去购买所谓的养生保健产品。新修订《广告法》的实施，基本上从根源上杜绝了媒体这现状，还消费者以纯洁的媒介传播环境。传播真正科学的健康养生知识的媒介是值得鼓励的，同时，随着新修订《广告法》的颁布实施，下一步，如何净化知识、信息的传播渠道，运用各多元媒介进行整合，有效地传播健康养生知识是所有媒体人需要认真思考的问题。

《广告法》第二十条规定：**禁止在大众传播媒介或者公共场所发布声称全部或者部分替代母乳的婴儿乳制品、饮料和其他食品广告。**

本条款是《广告法》新增的内容。研究表明，母乳喂养有诸多好处。世界卫生组织、联合国儿童基金会和我国政府都倡导婴儿在出生的最初 6 个月，对其进行纯母乳喂养。然而，近年来，随着奶粉市场竞争的加剧，一些母乳替代品经营者大肆促销 6 个月以下婴儿奶粉、奶瓶和奶嘴，违规宣传母乳代用品。受利益的驱动，部分医院存在展示、宣传、代售母乳代用品的现象。相关机构的监测情况显示，目前，有的奶粉公司在产品包装或广告宣传中暗示或明示产品类似或接近母乳；有的通过医院卫生保健机构向孕产妇推荐产品；有的通过所谓的母婴健康咨询活动宣传产品；还有的在超市对母乳代用品进行促销活动。母乳代用品夸大其词的宣传和形形色色的促销行为，动摇了母亲进行母乳喂养的信心，使婴儿吃母乳的权利受到了侵害。据卫生部 2005 年调查，我国 6 个月大婴儿的纯母乳喂养率仅为 49.2%。不少奶粉销售商在其广告促销信息中利用所谓的奶粉“省事儿”“营养丰富”“类似母乳”等等诱人宣传，干扰母乳喂养。

如 2014 年 10 月，澳优海普诺凯旗下的能力多婴幼儿配方奶粉在科学中国网站（http://science.china.com.cn/2014－10/29/content_33907859.htm）上进行标题为“能力多婴幼儿配方奶粉——最佳的母乳替代品”的广告宣传。2010 年 12 月四川普众生物科技有限公司在网易新闻上为其生产的普众羊乳进行标题为“特别羊奶粉替代母乳首选”的广告宣传，称“羊奶是国际营养学界公认的‘奶中之王’，含有与人奶相同的成分，最接近于人奶，易消化、不过敏、不上火，吸收率高达 94%，是婴幼儿替代母乳首选，是补充营养的佳品。”[①]此类广告在婴儿乳制品、饮料和其他食品的线上、线下广告中经常能见到，这些违法促销行为和婴儿父母的草率抉择，可能致使婴儿失去吃母乳的权利，无法获得母乳喂养带给婴儿的终生益处。

奶粉喂养实际上隐含诸多风险，配方奶粉的原料是动物乳汁，比母乳含有更

① http://news.163.com/10/1222/00/6OFFA8V700014AED.html.

多的蛋白质和矿物质,会给婴儿稚嫩的器官发育带来负担;配方奶粉中不可能含有母乳中的免疫物质,人工喂养会增加婴儿过敏、腹泻、便秘、呼吸道疾病感染的几率;人工喂养的水、奶瓶、奶嘴消毒不好,会增加孩子感染的几率;威胁全球的食品安全问题也增加了人工喂养的风险;而母亲哺乳时母子感情的交流更是人工喂养不可替代的。因此,中国消费者协会曾呼吁:有关部门应进一步加强对母乳代用品市场的监管,规范市场秩序,保护儿童健康;母乳代用品经营者应主动规范经营行为,对社会负责,对婴儿的健康成长负责。《广告法》关于发布婴儿乳制品、饮料和其他食品广告的规定有效地遏制了此类产品的夸大、虚假宣传,为婴儿的成长、发育和健康保驾护航。

《广告法》第二十一条规定:**农药、兽药、饲料和饲料添加剂广告不得含有下列内容:**

(一)表示功效、安全性的断言或者保证;

(二)利用科研单位、学术机构、技术推广机构、行业协会或者专业人士、用户的名义或者形象作推荐、证明;

(三)说明有效率;

(四)违反安全使用规程的文字、语言或者画面;

(五)法律、行政法规规定禁止的其他内容。

农药、兽药、饲料和饲料添加剂作为特殊商品,虽然能够起到预防、治疗、补充的作用,但药物自身也有相当的毒性,如果不对这四类产品广告予以一定的规范,就很可能使这些产品在发挥作用的同时给人民群众的身体健康以及生命安全带来危害。另外,这四类产品的药理作用大部分同药品一样,也是有一定限制的,并没有万能的、"包治百病"的产品,如果不对这些产品广告予以规范,那么一定会有生产厂家为其产品做虚假宣传,使消费者蒙受经济损失甚至丧失生命。基于对人民群众生命安全、身体健康以及经济利益的考虑,《广告法》第二十一条对其广告宣传作出了具体规定。如不得在广告宣传中有表示功效、安全性的断言或者保证的内容;不得在广告中利用科研单位、学术机构、技术推广机构、行业协会或者专业人士、用户的名义或者形象作推荐、证明;不得在广告中说明和强调有效率;不得在广告内容中出现违反安全使用规程的文字、语言或者画面。

同时,《广告法》还规定在这些产品广告中不得出现法律、行政法规规定禁止的其他内容。我国对于这四类产品本身还设有其他法律、行政法规。比如,2004年11月颁布实施的《兽药管理条例》第三十一条规定:"兽药广告的内容应当与兽药说明书内容相一致,在全国重点媒体发布兽药广告的,应当经国务院兽医行政管理部门审查批准，取得兽药广告审查批准文号。在地方媒体发布兽药广告的，应当经省、自治区、直辖市人民政府兽医行政管理部门审查批准，取得兽药广告审查批准文号；未经批准的，不得发布。”又如 2013 年 12 月修订的《饲料和饲料添加剂管理条例》第三十条规定：“禁止对饲料、饲料添加剂作具有预防或者治疗动物疾病作用的说明或者宣传。但是，饲料中添加药物饲料添加剂的，可以对所添加的药物饲料添加剂的作用加以说明。”2001 年 11 月实施的《农药管理条例》第三十四条规定：“未经登记的农药，禁止刊登、播放、设置、张贴广告。农药广告内容必须与农药登记的内容一致，并依照广告法和国家有关农药广告管理规定接受审查。”《农药管理条例》第四十四条规定：“违反工商行政管理法律、法规，生产、经营农药的，或者违反农药广告管理规定的，依照刑法关于非法经营罪或者虚假广告罪的规定，依法追究刑事责任；尚不够刑事处罚的，由工商行政管理机关依照有关法律、法规的规定给予处罚。”为更好地实施新修订《广告法》，规范农药广告市场秩序，加强农药广告管理，国家工商总局拟对《农药广告审查标准》进行修订，于是 2015 年 7 月国家工商总局向社会公开征求意见，目前修订工作正在进行中。

在社会主义物质文明和精神文明建设日益走向深入的今天，吸烟有害健康的观点早已被广大人民群众所认可。从国际上看，目前世界各国政府也都通过各种途径广泛宣传吸烟的害处。据 2015 年世界无烟日的宣传介绍，每年有将近 600 万人死于烟草引发的疾病，其中 500 多万人为吸烟者，60 多万人为接触二手烟草烟雾的非吸烟者。吸烟者更易感染某些传染病，例如结核病和肺炎。烟草是世界上第二大死因，仅次于高血压病，是占死亡率 63% 的心脏病、中风、癌症和肺气肿一类非传染性疾病流行的最大诱发因素，如果继续坚持目前的吸烟模式，预测到 2020 年将造成约 1000 万人死亡。① 基于这一严重形势，现在全面禁止烟草广告的有 31 个国家，部分限制和禁止烟草广告的有 59 个国家。但与此同时，因为烟草业是一个利润非常大的行业，能给当地政府的财政收入带来很大的支撑作用，所以在我国允许发布烟草广告，但是所发布的烟草广告必须遵守相关限制性规定。

为此，《广告法》第二十二条规定：**禁止在大众传播媒介或者公共场所、公共交通工具、户外发布烟草广告。禁止向未成年人发送任何形式的烟草广告。**

禁止利用其他商品或者服务的广告、公益广告，宣传烟草制品名称、商标、包装、装潢以及类似内容。

烟草制品生产者或者销售者发布的迁址、更名、招聘等启事中，不得含有烟草

① 引自 2015 年 5 月 31 日新浪网：《今天是世界无烟日》。

制品名称、商标、包装、装潢以及类似内容。

从《广告法》第二十二条来看,主要对广告主发布烟草广告作出了如下具体规定:

(一)禁止利用广播、电影、电视、报纸、期刊、互联网络等大众传播媒介发布任何形式的烟草广告。这里所指的任何形式既包括大张旗鼓的广告宣传,也包括各种各样的隐形广告。

(二)禁止在各类等候室、影剧院、会议厅堂、体育比赛场馆等公共场所以及公共交通工具、户外设置烟草广告。在公共场所、公共交通工具上吸烟会对他人产生很大影响。据有关研究报告指出,在公共场所吸烟时,其他人也就是被动吸烟者所受到的伤害要比吸烟者本人所受到的伤害高出9倍。

(三)禁止向未成年人发送任何形式的烟草广告。

(四)在其他商品或者服务的广告以及社会公益广告中,不能出现含有烟草制品名称、商标、包装、装潢以及其他类似内容的宣传。

(五)在烟草制品生产者或者销售者发布的各种启事中,不得含有烟草制品名称、商标、包装、装潢以及其他类似的内容。

比较新修订《广告法》与原《广告法》的异同,中国控烟协会常务副会长许桂华此前在接受媒体采访时表示:"新修订《广告法》有四个亮点。第一,除原来明确禁止的传统媒体外,增加了禁止在新媒体上发布烟草广告。第二,增加了禁止在公共交通工具和户外发布烟草广告。第三,增加了禁止向未成年人发放任何形式的烟草广告。第四,禁止利用品牌延伸、公益广告来显示烟草产品的包装、标识、装潢等内容。"新修订《广告法》对烟草广告的规定,既与1996年国家工商行政管理局发布的《烟草广告管理暂行办法》中的部分条款形成修正、呼应与补充关系,又是为配合一系列地方性禁烟令而制定的。例如,2015年6月1日,被称为"史上最严禁烟令"的《北京市控制吸烟条例》正式施行,根据《条例》规定,在公共场所、工作场所的室内区域以及公共交通工具内吸烟的行为将被禁止。同时,新修订《广告法》对烟草广告的限制一方面迎合了当下世界追求健康的潮流,另一方面也是我国对《烟草控制框架公约》在传播领域执行的一个呼应,《烟草控制框架公约》对烟草及其制品的成分、包装、广告、促销、赞助、价格和税收等问题均作出过明确规定(中国于2003年加入《烟草控制框架公约》,2006年1月,《公约》在我国正式生效)。

目前仍然有一些烟草企业变换着方式进行烟草广告宣传。尤其是随着营销手段及媒介技术的发展，烟草业也在避开硬广告、开辟新的营销传播方式。例如，2015 年 2 月北京市工商局西站分局处理了一起违规烟草广告发布案件，北京普正德商贸有限公司第六经营部自 2014 年 7 月起，在未经广告监管部门批准的情况下，在商亭门头上设置"中国烟草 CHINATOBACOO"广告。通过查询商标档案材料得知，"中国烟草 CHINATOBACOO"为注册商标。工商机关遂认定该商亭发布的"中国烟草 CHINATOBACOO"为烟草广告，责令当事人停止发布，并处罚款 1 万元。[①]

针对这些现存问题，新修订《广告法》中增加了对烟草公益广告、联合营销、软性关联等广告形式的限制，并强调了对未成年人的保护规定，以尽可能地扩大对烟草广告的管控。新修订《广告法》对烟草广告发布区域限制之严，对违反规定发布烟草广告行为处罚之重，史无前例。这样做基本上可以让人民群众在视觉上不受到烟草广告的冲击，有利于营造良好的控烟环境。但同时，新修订《广告法》在对烟草广告的限制上也存在隐忧，例如，中国人民大学现代广告研究中心主任王菲认为，"广告传播只是商品与消费者接触中的一个途径而已，除此之外，禁烟还涉及烟民的主观能动性、企业生产、国民经济、社会参与等问题，所以单靠禁止烟草广告来禁烟是远远不够的。但就触及的营销传播类型而言，新修订《广告法》的规定是不全面的，例如公共关系、软性植入、小众传播等还没有全部包括在内。" 2013 年的《中国烟草年鉴》数据显示，2012 年年底，全国持证卷烟零售户有 542.38 万，以 2012 年全国总人口 13.54 亿计算，这意味着平均每 250 人就有 1 个烟草制品销售点。如果这些烟草销售点不被定义为公共场所，那么就意味着它们可以张贴烟草广告，如此，接近与进入这些场所的人们尤其是青少年将受到吸烟的诱导。因此，要想解决这些问题，还需要寄希望于新法接下来的法律释义和实施细则对相关概念的准确界定。[②]

第五节 广告内容准则解读(D)

《广告法》第二十三条规定：**酒类广告不得含有下列内容：**

（一）诱导、怂恿饮酒或者宣传无节制饮酒；

（二）出现饮酒的动作；

---

① 《北京市工商局西站分局查处一起违规发布烟草广告案件》，北京市工商局网站 2015 年 2 月 24 日。

② 邵甜甜：《戴上"镣铐"仍存隐忧 关于新〈广告法〉严控烟草广告的解读》，《中国工商报》，2015 年 6 月 15 日。

(三)表现驾驶车、船、飞机等活动;

(四)明示或者暗示饮酒有消除紧张和焦虑、增加体力等功效。

从商品营销的角度来讲,酒是一种能给企业带来高额利润的特殊商品,其销售在很大程度上依赖于广告的宣传,比如孔府家酒在中央电视台作了一年广告后该酒的销售额比上一年增长了4倍多。如果说广告是一个社会热点问题,酒类广告则是热点中的热点。为了引导消费者健康消费,维护社会良好风尚,我国对酒类广告作出了具体、明确的规定,除了新修订《广告法》之外,还曾发布过《广告管理条例施行细则》《酒类广告管理办法》等,规定了发布酒类广告时应当遵守的其他相关规定。

但在酒类产品的广告宣传中违反规定的情形仍时有发生,例如"劝酒的语言与动作","对酒产品功效的提示"等,为此,新修订《广告法》针对酒类广告详细列出了不得出现的几类具体情形。如广告内容不得含有诱导、怂恿饮酒或者宣传无节制饮酒的内容;在广告画面中不得出现饮酒的动作;在广告场景中不得出现驾驶车、船、飞机等行为;广告内容不得明示或者暗示饮酒有消除紧张和焦虑、增加体力等功效。这就使得在广告活动中,从广告策划到创意,从广告制作到发布,从广告场景设计到广告文案表述等各个角度,无论是广告主还是广告经营者或者发布者,都要认真理解与掌握《广告法》规定的细节内容。可以说,对酒类广告宣传作出如此详细而严格的规定,更多的是在强调理性饮酒、回归文明饮酒,配合其他酒类的有关法律,通过法律法规加强约束与管理。

《广告法》第二十四条规定:**教育、培训广告不得含有下列内容:**

(一)对升学、通过考试、获得学位学历或者合格证书,或者对教育、培训的效果作出明示或者暗示的保证性承诺;

(二)明示或者暗示有相关考试机构或者其工作人员、考试命题人员参与教育、培训;

(三)利用科研单位、学术机构、教育机构、行业协会、专业人士、受益者的名义或者形象作推荐、证明。

本条款为《广告法》新增内容。百年大计,教育为本,尤其是进入21世纪后,人类已经步入一个全新的时代——知识经济时代。面对高度信息化、知识化的社会,教育的重要性受到空前重视,而各种教育、培训机构也如雨后春笋般纷纷涌现。虽然相比国外我国教育培训市场起步较晚,但经过近几年的快速发展,我国教育培训市场已迅猛成长。由于教育培训信息较为前沿、信息量大、适用性强,能为更多的人提供和补充信息知识,因此得到许多人的青睐。然而,我国教育培训事业发展的历史较短，目前仍处于初级阶段，很多方面还存在诸多问题，在这种情况下，我们必须客观认识其发展的现状。[1]

近几年，教育、培训大受欢迎，具有投入少、收益大的特点，被业界默认为朝阳行业。但同时，教育、培训行业的竞争也越来越激烈，更新换代也很常见，因此不少机构将主要立足点放在了广告营销上。广告是教育、培训行业常用的传播策略，各种教育、培训机构主要通过大量的广告投放，利用电视广告、平面媒体和网络广告等形式抢占市场份额，以提升教育加盟品牌的知名度，进行品牌营销。但其中也不乏一些商家的广告宣传不够规范，在一定程度上夸大事实、虚假宣传等现象。例如，一些培训学校在"招生说明"中违规宣传"100%入读理想初中""交钱可推荐读名校"；一些驾校在招生广告中承诺"驾照包考包过"；一些公务员考试培训班声称"最权威、最精确、不过包退款……"，等等，这样的广告宣传直接违反了《广告法》对教育、培训广告的要求。

《广告法》规定，首先，教育、培训广告中不能出现对升学、通过考试、获得学位学历、合格证书或者教育、培训效果的明示或者暗示的保证性承诺，比如"通过率100%、98%""包过""名校直升"等字眼不能出现在广告宣传语当中。其次，教育、培训广告中不能明示或者暗示有相关考试机构或者其工作人员、考试命题人员参与教育、培训，例如假冒主持考试机关的招牌，或以出题人员亲训等名义进行虚假宣传，误导消费者的，均属违法行为。最后，教育、培训广告中不能利用科研单位、学术机构、教育机构、行业协会、专业人士、受益者的名义或者形象作推荐、证明。例如随意将培训班冠以名校、名师等头衔，打着各类名校招牌，未经授权擅自使用其名义进行宣传的，也属违法行为。

新修订《广告法》施行后，教育培训机构的广告宣传必须注意三方面的原则：一是真实，二是清楚，三是公平诚信。在进行广告宣传时，教育、培训机构应该改变宣传思路，选择更好、更适合的宣传媒介，且在保证"真实性"的前提下做到客观、不误导，维护公平交易，不能打压同行业其他竞争对手。这样才能维护行业稳定和市场繁荣。

《广告法》第二十五条规定：**招商等有投资回报预期的商品或者服务广告，应当对可能存在的风险以及风险责任承担有合理提示或者警示，并不得含有下列内容：**

（一）对未来效果、收益或者与其相关的情况作出保证性承诺，明示或者暗示

---

① 张禄、舒心：《我国教育培训机构发展现状的研究》，《西北成人教育学报》，2013 年第 5 期。

保本、无风险或者保收益等,国家另有规定的除外;

(二)利用学术机构、行业协会、专业人士、受益者的名义或者形象作推荐、证明。

本条款为《广告法》新增内容。招商广告是广告主以招商为目的而做的广告。招商是广告主在确定一个新产品、新项目后,需要进行更广泛的市场拓展和充分利用有效的市场现成资源(如经销、代理商的资金、人力)而做的一项重要策划工作。招商广告是对产品或项目进行展示的第一步,它要吸引经销商的注意,阐述招商内容与市场前景,让经销商看到利润所在,同时对自己的投入与产出做出初步概算,以引发经销商的浓厚兴趣,这样才能与招商者进一步接触、洽谈。由于能快速回笼资金、组建渠道和借用关系,招商已经成为众多广告主尤其是中小广告主青睐的方式。

涉及招商加盟和店铺租售的广告往往最能挑动人的神经,其中,既有宣称"保底稳赚""小投入零风险"的定心丸,又有宣扬"三年翻番""五年坐拥百万家产"的兴奋剂,可当消费者问起这些数据源自何处时,经营者却常常莫衷一是。又如一些保险、期货、债券等商品或服务广告,经常对可能的效果、收益作出保证性承诺,其广告宣传中常见保本、无风险等内容或相关机构、协会或相关人员做推荐及证明的情形。如某保险公司在其广告语中打出"投资回报率70%,稳赚不赔"等字样;又如某电视广告中声称"今天我依然要告诉你们两只同样看涨的热股,最先打进来的一百个电话就可以获知具体股票名称",或者"如果你想第一时间获得这只牛股的信息,请致电……"等,这些广告文案都会刻意造成收益假象,对消费者起到误导作用。

要清醒地认识到招商加盟或投资理财等行业本身就具有一定的风险性,如果在其广告宣传中刻意回避可能存在的风险以及要承担的风险责任,过度宣传和刻意引导受众,可能会造成受众的直接经济损失。而且在招商等有投资回报预期的商品或者服务中,其广告宣传不能够保证投资效果或收益,也不能够明示或者暗示保本或无风险,一旦构成这样的行为,就属于违法广告。同时,招商等有投资回报预期的商品或者服务也不得利用学术机构、行业协会、专业人士、受益者的名义或者形象做推荐或证明。

招商广告应诚信和实在,从受众的需求出发进行诚信宣传。但招商广告不是比诱惑,也不是比离谱,而是要从广告主可以为受众提供的宣传资源、促销手段、投资回报和服务等方面做出比较真实的承诺,把产品或服务的特征、竞争力表述清楚,切实把受众当作自己的合作伙伴,荣辱共存、资源共享、强强联合、真诚协作，这样才可以实现共赢。

《广告法》第二十六条规定：**房地产广告，房源信息应当真实，面积应当表明为建筑面积或者套内建筑面积，并不得含有下列内容：**

（一）升值或者投资回报的承诺；

（二）以项目到达某一具体参照物的所需时间表示项目位置；

（三）违反国家有关价格管理的规定；

（四）对规划或者建设中的交通、商业、文化教育设施以及其他市政条件作误导宣传。

本条款为《广告法》新增内容。随着社会的进步和国民收入的增加，房地产业一次又一次地成为社会焦点。由中国产业信息网发布的《2015 年中国房地产行业市场现状及发展趋势分析》数据显示，2015 年 1－5 月全国商品房销售面积为 35996 万平方米，同比下降 0.2％，房地产开发投资增速下降趋势没有改变。1－5 月房地产开发投资累计完成额为 32292 亿元，同比名义增长 5.1％，增速比 1－4 月累计完成额的增速回落 0.9 个百分点。2015 年 5 月，国房景气指数为 92.43，创下了 1997 年指数创立以来的历史最低值。房地产的库存和房地产企业的资金压力都在持续加大。根据国家统计局的最新数据，2015 年 6 月，十大城市房地产可售面积为 9769.27 万平方米，相比 2014 年年底 2015 年年初的高点略有下降，但仍处于高位；2015 年 1－5 月房地产开发投资资金来源累计 45966 亿元，同比下降 1.6％。为了实现房地产业的利好发展，广告成为房地产售卖的必备手段。

房地产广告是指房地产开发企业、房地产权利人、房地产中介机构发布的房地产项目预售、预租、出售、租、项目转让以及其他房地产项目介绍的广告，不包括居民私人及非经营性售房、租房、换房广告。在房地产广告中，房源、面积、数目等信息必须真实，并不得含有“升值或者投资回报的承诺”。例如有些房地产广告宣传“临街旺铺，稀缺车位，5 年稳定回报 50％”等；同时不得“以项目到达某一具体参照物的所需时间表示项目位置”，例如某房地产商曾经打出的“20 分钟直达天河 CBD”的广告就是一例违法广告。最后，房地产广告不得“违反国家有关价格管理的规定”，也不得在房地产广告中“对规划或者建设中的交通、商业、文化教育设施以及其他市政条件作误导宣传”。例如某楼盘宣称“未来城市 CBD”“教育规划大盘”“地铁新线建成在即”等，这些情况均属违法行为。

2015 年 8 月，上海绿地星奕房地产公司由于发布虚假违法广告被查处。绿地星奕公司主要从事大宁星光耀广场商业综合体楼盘的开发销售，自 2015 年 8 月 20 日起，绿地星奕公司在高平路 155 号售楼处设置介绍大宁星光耀广场项目的宣传页广告(三折页双面彩色)供消费者阅读,宣传页上印有“3 分钟可达中环,5 分钟可达南北高架及内环,交通条件十分优越”等字样。该宣传页由绿地星奕公司自行制作,印刷数量为 1000 份,广告费用总计 1500 元。同时,绿地星奕公司从 2015 年 8 月 20 日起分别在闸北区高平路晋城路口和晋城路沪太路口设置了两个户外广告牌,用于大宁星光耀广场项目的销售介绍,广告牌上印有“大宁板块唯一在售花园总部”等内容。据悉,该户外广告牌为绿地星奕公司委托上海联策营销策划有限公司制作,制作费为 1.29 万元。当时闸北区大宁路街道江场路 1377 弄“绿地中央广场”和大宁路街道汶水路平型关路口“市北新中心”楼盘均正在销售商业和办公用房,闸北区绿化市容管理局出具的上海市绿化市容行政许可文书显示,“市北新中心”楼盘的配套绿地率为 27.2%,而绿地星奕公司大宁星光耀广场楼盘的配套绿地率为 20.42%,因此,绿地星奕公司户外广告中宣传的“大宁板块唯一在售花园总部”内容涉嫌虚假。另外,绿地星奕公司在发布上述出售大宁星光耀广场房地产项目宣传广告时,未取得建设行政主管部门的销售许可证明。综合考虑绿地星奕公司事发后能认识到其行为的违法性,并积极配合市场监管部门调查这一事实,闸北区市场监管局依据《房地产广告发布暂行规定》和《广告法》的规定,责令绿地星奕公司停止发布上述违法广告、公开更正,并罚款 1.39 万元。[①]

房地产广告不仅受到《广告法》的约束,还受到《房地产广告发布暂行规定》的约束,在各项法律的配合下,无论其以什么样的形式出现,都应做到真实、合法、科学、准确,不得欺骗和误导公众。

《广告法》第二十七条规定:**农作物种子、林木种子、草种子、种畜禽、水产苗种和种养殖广告关于品种名称、生产性能、生长量或者产量、品质、抗性、特殊使用价值、经济价值、适宜种植或者养殖的范围和条件等方面的表述应当真实、清楚、明白,并不得含有下列内容:**

(一)作科学上无法验证的断言;

(二)表示功效的断言或者保证;

(三)对经济效益进行分析、预测或者作保证性承诺;

(四)利用科研单位、学术机构、技术推广机构、行业协会或者专业人士、用户的名义或者形象作推荐、证明。

与大型投资项目相比,目前一些特色种养殖的虚假广告对农民群众和小本创

① 《绿地星奕房地产虚假违法广告被查处》,上海市工商局网站,2015 年 8 月 29 日。

业者造成了较大的冲击。据了解，针对农经产品广告的投诉近年来有上升趋势，一些创业者轻信类似“饲养特种昆虫、稀有花卉能发家致富”的广告宣传，最终却无处销售、血本无归的情况时有发生。针对这些问题，《广告法》新增了关于农经产品广告的内容准则，规定农作物种子、林木种子、草种子、种畜禽、水产苗种和种养殖六类农经产品广告对于其产品属性、品质、抗性、价值及种养殖条件等的表述应当真实、清楚、明白，不得含有“伪科学”的断言、功效的保证等内容，不得虚标经济效益，也不得利用相关机构或人员的名义进行推荐证明。

由于农经产品与农户的生活及收入息息相关，一旦形成虚假宣传，势必会造成无法挽回的损失。而且这些产品面对的是学历文化层次参差不齐的消费者，他们较容易轻信违法广告的虚假宣传。很多广告利用文字游戏来迷惑消费者，例如某水稻种子的广告中含有“目前大部分水稻非纯天然有机，本产品保证成活率100%，中科院院士某某某强烈推荐”等内容。轻信没有科学性可言的效益承诺，不仅会使农户利益受到损害，还会导致他们“一窝蜂”地投入，进而有可能引发社会问题，因此此类广告需要明文禁止。

农经产品和服务广告目前也成为违法广告发生率较高的类型，因此，新修订《广告法》严格制定了相关条款，以从广告层面遏制虚假广告的发生，这对促进农经产品良好的市场秩序，保障农户的经济利益具有积极意义。

《广告法》第二十八条规定：**广告以虚假或者引人误解的内容欺骗、误导消费者的，构成虚假广告。**

广告有下列情形之一的，为虚假广告：

（一）商品或者服务不存在的；

（二）商品的性能、功能、产地、用途、质量、规格、成分、价格、生产者、有效期限、销售状况、曾获荣誉等信息，或者服务的内容、提供者、形式、质量、价格、销售状况、曾获荣誉等信息，以及与商品或者服务有关的允诺等信息与实际情况不符，对购买行为有实质性影响的；

（三）使用虚构、伪造或者无法验证的科研成果、统计资料、调查结果、文摘、引用语等信息作证明材料的；

（四）虚构使用商品或者接受服务的效果的；

（五）以虚假或者引人误解的内容欺骗、误导消费者的其他情形。

虚假广告是指内容虚假或者其信息容易引人误解的广告，一般情况下虚假广告主要存在以下问题：

一是“不存在”，也就是说广告主委托发布广告的商品或者服务根本不存在，属于欺诈行为。河北省 2015 年 8 月查处了一起冒用所谓“文化惠民工程”免费发放国宝级十大传世名画的虚假广告案件。案件当事人在电视广告中宣称“免费发放”所谓的国家限量发行的“传世名画”,升值空间巨大,并在广告中由赵忠祥、侯耀华等名人为其作推荐、证明。经工商部门调查核实,所谓的“传世名画”只是浙江某工艺品厂生产的印刷品。河北省工商机关依据修订前的《广告法》相关规定,责令广告主改正违法行为,以等额广告费用在相应范围内公开更正、消除影响,并罚款 91.82 万元。江苏省 2015 年 8 月查处了关于“十二幅书画大全套”的虚假广告案件。该广告宣称所销售的是中国 12 位书画大师传人或再传弟子的作品真迹,收藏可能升值千百倍,甚至成为下一个亿万富翁。经查,广告中所谓的“大师传人或再传弟子”,只是被某大师指点过或者听过某大师的课,或者自认为与某大师的艺术风格接近,甚至只是与某大师及其家人合过影、吃过饭的人,广告内容与事实不符,欺骗误导公众的行为。广告主所在地工商机关对当事人处以 22.68 万元罚款。①

二是“不符合”,也就是商品广告宣传的内容与所提供的商品或者服务与实际情况不符,对购买行为形成了实质性影响。重庆市 2015 年 9 月查处了“五行开运中国五大投资手串——金斗寻宝”广告案件。该广告采用相声演员李金斗和主持人崔悦采访中国木材与木制品流通协会红木流通专业委员会副秘书长钟立辉的节目访谈形式,广告中含有“中国最有价值的五大文玩投资手串套组……最权威的上品手串,中国目前最有价值、最权威的红木手串大全套”等内容,当事人在上述广告中宣称该套手串材质分别为黄花梨、紫檀、金丝楠、沉香、血龙木等名贵高档材质,而实际销售手串的材质为花梨木、紫檀木、楠木、硬木松,广告宣称的手串材质与实际销售的手串材质明显不符。重庆市工商机关拟对广告主处以 8 万元罚款。这种与宣传产品实际情况不符的案例屡有发生,在国家工商管理总局的广告监管执法页面中,大量虚假违法广告存在的主要问题就是“不符合”,对于此类问题监管部门应该加大监管惩处力度,并拓宽对虚假违法广告的获取渠道。

三是“假证明”,也就是在广告宣传中“使用虚构、伪造或者无法验证的科研成果、统计资料、调查结果、文摘、引用语等信息作证明材料”。社会高速发展,信息产出与流传的速度越来越快,但同时大量的“伪”科学、“伪”证明、“伪”材料盛行,在广告宣传中更是被广告主或广告经营者肆意使用。例如王老吉起诉加多宝“七连冠”广告语虚假宣传案,广州王老吉大健康产业有限公司起诉“加多宝”品牌多

---

① 许可心:《新修订〈广告法〉与虚假广告整治对策》,《当代学术论坛》,2016 年第 2 期。

次使用“加多宝凉茶连续 7 年荣获‘中国饮料第一罐”、“加多宝凉茶荣获中国罐装饮料市场‘七连冠’”等广告语进行宣传，而加多宝品牌自 2012 年才开始独立投入使用，其品牌历史尚未有 7 年之久，2008 - 2012 年中国行业企业信息中心发布的中国罐装饮料市场销售额第一名颁给的是“王老吉凉茶”，加多宝进行上述宣传故意混淆和误导消费者，让消费者误认为加多宝凉茶就是王老吉凉茶，构成了虚假宣传。因此，法院认为加多宝品牌广告宣传语由于在表述上不真实、不恰当且遗漏了重要的信息，构成了虚假宣传，判令加多宝公司停止侵权行为，并赔偿王老吉大健康产业有限公司 300 万元。随着时代的发展，在讲求实证的今天，一些广告利用假数据或推测性数据进行宣传，欺骗或误导消费者，因此应对此加大执法力度与监管度，扼制此类现象的发生。

四是“假效果”，也就是在广告宣传中虚构使用商品或者接受服务的效果。2015 年 8 月上海市工商局对上海韩束化妆品有限公司开出罚单，上海韩束化妆品有限公司于 2015 年 3 - 4 月在上海东方卫视发布了 16 次“韩束晒美白”广告，该广告含有“越晒越白，越晒越润”的内容，宣称“韩束晒美白”产品能使皮肤越晒越白。对此，办案人员走访了两家知名皮肤美容医院进行核实，院方专家均表示，目前皮肤美容业界没有发现任何成分可以起到在太阳底下“越晒越白，越晒越润”的作用，皮肤越晒越白的宣传违反目前已掌握的科学常识。同时，上海韩束化妆品有限公司也承认其“韩束晒美白”产品无法真正改善肤质，使皮肤越晒越白。上海韩束化妆品有限公司的上述行为构成了违法宣传虚假广告，上海市工商局对上海韩束化妆品有限公司作出停止发布上述违法广告并以等额广告费用在相应范围内公开更正、消除影响、罚款 110 万元的行政处罚。①

五是“假内容”，也就是以虚假或者引人误解的内容欺骗、误导消费者，使宣传对象或受宣传影响的人对商品的真实情况产生错误的联想，从而影响其购买决策的商品宣传。这类广告内容往往夸大失实、语意模糊、令人误解。四川省 2015 年 11 月查处了“五粮液帝王经典酒”虚假广告案。该广告直接宣称其产品是“五粮液帝王经典酒”，经查，该酒实际是“帝王经典”特醇，注册商标为“帝王经典”，并非正宗五粮液。该广告以虚假内容欺骗误导消费者，构成了虚假广告，损害了消费者的合法权益。

虚假广告具有极大的危害：第一，其所传播的虚假信息以谋取非法利益为目的，以“坑、蒙、拐、骗”为手段，会在一定程度上误导消费者和使用者，如果受众接

---

① 《上海韩束化妆品有限公司发布虚假广告被查处》，上海市工商局网站，2015 年 8 月 31 日。

受了广告所传递的虚假信息,就会遭受经济及其他方面的损失,严重的会遭受人身或财产的损害。第二,虚假广告的欺诈性使公平合理、诚实信用等传统商业道德受到了挑战,大量的虚假广告导致大量虚假产品或服务流向市场,这同时意味着大量合格产品或服务被排斥在了市场之外,严重扰乱了市场秩序,也造成了社会资源的浪费。第三,虚假广告的暴利使虚假广告的主体有利可图,从而对虚假广告乐此不疲,这对合法的广告主体会造成冲击,阻碍广告行业的健康发展,泛滥的虚假广告还会对广告文化造成很大的冲击。第四,造假企业因消费者拒绝再购买而导致产品滞销、经济效益下滑;受害企业因不法经营者的不正当竞争行为而在经济效果上受到影响;农民和生产企业购买了虚假广告宣传的商品,就可能使工农业生产直接受到破坏。这些都会使国家税收减少,同时,国家还要支付大量的打假费用,从而影响国家财政收入。第五,如果虚假广告治理不利,会导致人们对政府产生信任危机,严重时会引发相关社会问题。

因此,新修订《广告法》除了在第四条规定“广告不得含有虚假或者引人误解的内容,不得欺骗、误导消费者”之外,又在本条款中对于虚假广告的具体情形进行了明确细致的规定,这对于打击虚假广告,维护广告行业的健康发展具有重要意义。

(注:以上两节中的部分实例来自中华人民共和国国家工商管理总局《广告监管执法》信息以及国家食品药品监督管理局《违法广告公告》)

复习思考题

1. 为什么要在《广告法》中规定农药、兽药、饲料和饲料添加剂广告中不得含有“说明有效率”?
2. 请结合实际谈谈你认为烟草广告的发布与控制应注意哪些问题。
3. 请分析虚假广告的各种常见情形,并举例加以说明。
4. 请找出三个以上虚假广告的例子,结合新修订《广告法》的条款进行分析。

第三章 《广告法》广告行为规范解读

本章重点：本章需重点掌握《广告法》的调整范围以及广告主、广告经营者、广告发布者、广告代言人这四类广告活动主体在广告活动中的基本行为规范。

本章难点：《广告法》对广告活动的界定及对各主体行为规范的规定的修改内容。

第一节 广告行为规范解读(A)

《广告法》第三章主要针对广告主、广告经营者、广告发布者、广告代言人这四类广告活动主体的行为规范作了一系列明确规定。

在梳理这些规定前，我们应先明确广告活动与各类广告活动主体的定义。

首先是关于广告活动的定义。这既是《广告法》的核心概念，决定了《广告法》的调整范围，也是本次《广告法》修订后的一个主要变动内容。

原《广告法》对广告的定义是："商品经营者或者服务提供者承担费用，通过一定媒介和形式直接或间接地介绍自己所推销的商品或者所提供的服务的商业广告。"可见，其调整范围仅限于具有"付费特征"的"商业广告"，这与我国当时以传统媒体为主、广告形式较为简单的社会环境密不可分。但是，伴随着我国社会经济的发展、传播技术的推陈出新以及广告行业的发展，新的广告形式（如企业开展的自我宣传活动）与经营方式（如不以"承担费用"支付为特征的广告资源置换合作）不断出现，非商业广告活动（如公益广告）不断增多，其间存在的违法问题超出了《广告法》的调整范围，令工商行政管理部门的执法面临极大的挑战。

有鉴于此，在对《广告法》进行修订时，对"广告"的概念进行了如下两方面的调整：其一，取消了"承担费用"的前提。2015 年版《广告法》第二条规定：**在中华人民共和国境内，商品经营者或者服务提供者通过一定媒介和形式直接或者间接地介绍自己所推销的商品或者服务的商业广告活动，适用本法。**这意味着即使是无偿的商业广告活动也属于《广告法》的调整范围。其二,将公益广告等非商业广告也纳入调整的范围中,即在附则第七十四条中规定:**公益广告的管理办法,由国务院工商行政管理部门会同有关部门制定。**值得注意的是,考虑到商业广告与非商业广告的不同特点以及其在监督管理方式上的明显差异,在二者的监管上,新修订《广告法》仍以商业广告为主要调整对象,非商业广告的管理则参照《广告法》执行。①

其次,新修订《广告法》在第二条也对构成广告活动的各类主体作出了界定。

第一是广告主。这是广告活动的发起者——广告主推销、宣传商品或服务的需求推动着整个广告活动的开展,而所制作、发布的广告也需围绕着广告主的产品或者商品服务信息而进行。根据《广告法》的规定,广告主是指"为推销商品或者服务,自行或者委托他人设计、制作、发布广告的自然人、法人或者其他组织"。其中,自然人指个体工商户或者有经营活动的个人;法人则指具有民事权利能力和民事行为能力、依法独立享有民事权利和承担义务的组织,如企业法人、有经营性活动的事业单位法人、社会团体法人等;其他组织则指代不具备法人条件的合伙企业和非法人组织,如依法登记领取营业执照的私营独资企业、合伙组织等。②

第二是广告经营者。这里指"接受委托提供广告设计、制作、代理服务的自然人、法人或者其他组织"。广告经营者是广告产业的核心力量,代表着不同的广告主,通过为其提供市场调研、广告策划与制作、媒体联系、广告效果监督以及广告全面代理业务等服务,把广告主的产品或服务信息制作成一种可供宣传的具体形态物(各广告类型的作品),并经由各类媒介渠道有效地传播出去,以达到广告主的广告投放目的。

第三是广告发布者。即出售时间和空间,向广告的受众传递广告信息的载体。1995 年实施的《广告法》将广告发布者界定为"为广告主或者广告主委托的广告经营者发布广告的法人或者其他经济组织",主要指代电视台、广播电台、报社、杂志社等媒体组织。随着互联网、移动互联网等新媒体的诞生与发展,普通个人借助这些新渠道(如微博、微信、论坛、即时通讯工具等)自行发布广告信息的行为也逐步增多,因而新修订《广告法》也相应强化了自然人的责任,将之纳入了广告发布者的范畴,赋予其权利并要求其履行相关义务。因此,现今广告发布者应指"为广告主或者广告主委托的广告经营者发布广告的自然人、法人或者其他组织"。

---

① 史新章:《完善法律内容 规范市场发展——〈广告法〉修订热点探析》(下),《中国工商报》,2014 年 8 月 27 日第 4 版。

② 倪宁编著:《广告学教程》,中国人民大学出版社 2009 年版,第 107 页。

第四是广告代言人。这是《广告法》新增的一个广告活动主体。在现代商业竞争中，广告主为了提高产品的竞争力，常常聘请社会名人为其商品或服务代言。由于名人在社会公众中具有较高的知名度，其在广告中所进行的推荐证明会影响消费者的购买行为。然而，个别广告代言人在广告中信口开河，夸大商品或服务功能，虚假宣称各种代言产品功效的现象也屡见不鲜，如邓婕代言三鹿奶粉、郭德纲代言藏秘排油、刘晓庆代言番茄胶囊等均被消费者起诉过，社会上将广告代言纳入《广告法》中予以监管的呼声日渐强烈。虽然《食品安全法》、新修订的《消费者权益保护法》等相关法律法规中已对个人在广告中从事代言活动作出了规定，但1995年实施的《广告法》中却缺乏相关规定，这无形中为工商管理部门的执法实践造成了许多困难。因此，为加强对消费者权益的保护，加大对违法广告代言行为的惩治力度，本次《广告法》修订时新增了广告代言人这类主体①。具体含义上，新修订《广告法》规定，广告代言人指"广告主以外的，在广告中以自己的名义或者形象对商品、服务作推荐、证明的自然人、法人或者其他组织"。这可以从如下方面进行理解：其一，广告代言人指广告主以外的主体；其二，广告代言人既包括各类机构（如学术组织、行业协会），也包括明星、名人、普通消费者等自然人；其三，广告代言人在广告中可以用自己的名义进行代言，也可以仅以形象进行代言，二者的差别在于前者代言人在广告中表明了自己的身份，而后者代言人并未表明身份（如只出现形象而不出现名字、不发表口头的推荐或证明等）。

新修订《广告法》第三章中用17条（第二十九条至第四十五条）的内容专门对广告主、广告经营者、广告发布者和广告代言人等主体在从事广告活动时的行为规范予以阐释和规定。同时，相较于1995年实施的《广告法》，新修订《广告法》对"广告行为规范"部分作了如下修订：其一，结合简政放权的改革目标和监管实际，进一步明确仅对从事广告发布业务的广播电台、电视台、报刊出版单位进行广告发布登记；其二，增加了关涉未成年人广告管理的规定；其三，增加了广告代言人的活动规范；其四，增加了对基于电信网、互联网等新媒体的广告活动的规范。②本章将结合具体条款进行解读。

《广告法》第二十九条规定：**广播电台、电视台、报刊出版单位从事广告发布业务的，应当设有专门从事广告业务的机构，配备必要的人员，具有与发布广告相适**

---

① 史新章：《完善法律内容 规范市场发展——〈广告法〉修订热点探析》（下），《中国工商报》，2014年8月27日第4版。

② 史新章：《完善法律内容 规范市场发展——〈广告法〉修订热点探析》（下），《中国工商报》，2014年8月27日第4版。

应的场所、设备,并向县级以上地方工商行政管理部门办理广告发布登记。

本条款规定了从事广告发布的条件。根据《国务院关于严格控制新设行政许可的通知》的要求和监管实际,相较于原《广告法》作了两处变动:其一,取消了对广告经营者相关资质的要求;其二,细化了对从事广告发布业务的广播电台、电视台、报刊出版单位等的要求,并新增了对其进行广告发布登记的规定,以进一步强化其广告发布责任。[①] 同时,为了加强对监管实践的指导,国家工商总局起草了《广告发布登记管理规定(征求意见稿)》,并要求自该办法施行之日,2004 年 11 月 30 日公布的《广告经营许可证管理办法》、1998 年 12 月 3 日修订的《广告经营资格检查办法》同时废止。

具体而言,《广告发布登记管理规定(征求意见稿)》对广告发布者的资质标准、广告经营范围核定用语规范、《广告发布登记证》的相关办理流程与要求作出了如下规定:

(一)资质标准

广播电台、电视台、报刊出版单位……办理广告发布登记,应具备以下条件[②]:

(1)具有法人资格,不具有法人资格的报刊出版单位,由其具有法人资格的主办单位申请办理广告发布登记;

(2)具有直接发布广告的媒介或手段;

(3)设有专门从事广告业务的机构;

(4)有广告业务的承接登记、审核、档案管理制度;

(5)配有广告从业人员和熟悉广告法律法规的广告审查人员。

(二)广告经营范围核定用语规范

在《广告发布登记证》中,广告发布媒体种类按下列用语核定:

(1)广播电台:利用自有广播频率发布国内外广告;

(2)电视台:利用自有电视频道发布国内外广告;

(3)报社:利用自有《××》(报纸)发布国内外广告;

(4)期刊社:利用自有《××》(期刊)发布广告。

---

① 原《广告法》第二十六条规定:"从事广告经营的,应当具有必要的专业技术人员、制作设备,并依法办理公司或者广告经营登记,方可从事广告活动。广播电台、电视台、报刊出版单位的广告业务,应当由其专门从事广告业务的机构办理,并依法办理兼营广告的登记。"

② 《广告发布登记管理规定(征求意见稿)》第二条规定,广播电台、电视台、报刊出版单位,仅在其自有互联网媒介发布广告的,无需办理发布登记。

（三）《广告发布登记证》的申请、变更与撤销程序

1. 申请程序

国家工商行政管理总局主管广告发布登记的监督管理工作，县级以上地方工商行政管理机关分级负责所辖区域内《广告发布登记证》的发证、变更、注销及日常监督管理工作。

申请者向所在地有管辖权的县级以上地方工商行政管理机关提交相关申请材料，除可以当场作出决定的外，工商行政管理机关自受理之日起二十日内，作出是否予以批准的决定。批准的，颁发《广告发布登记证》；不予批准的，书面说明理由。

同时，申请《广告发布登记证》时应当向广告监督管理机关提交下列申请材料：

（1）《广告发布登记申请表》；

（2）广告媒体证明（广播电台、电视台、报纸、期刊等法律、法规规定经批准方可经营的媒体，应当提交有关批准文件）；

（3）广告经营机构负责人任命书及广告审查员培训合格证明；

（4）单位法人登记证明。

2. 变更程序

若单位名称、法定代表人（负责人）、广告媒介发生变化，广告发布单位应当自该事项发生变化之日起三十日内申请变更《广告发布登记证》，除可以当场作出决定的外，工商行政管理机关自受理变更《广告发布登记证》申请之日起，十个工作日内作出是否准予变更的决定。经审查批准的，颁发新的《广告发布登记证》；不予批准的，书面说明理由。

广告发布单位申请变更《广告发布登记证》时应提交下列申请材料：

（1）《广告发布变更登记申请表》；

（2）原《广告发布登记证》正本、副本；

（3）与变更单位名称、法定代表人（负责人）、广告媒介事项相关的证明文件。

3. 注销程序

广告发布单位注销《广告发布登记证》时，应提交下列申请材料：

（1）《广告发布注销登记申请表》；

（2）《广告发布登记证》正本、副本；

（3）与注销《广告发布登记证》相关的证明文件。

此外，值得关注的是，对于互联网广告这一不同于传统媒体广告的形态，国家

工商管理总局在2015年7月发布的《互联网广告监督管理暂行办法(征求意见稿)》中对其发布条件专门作出了规定,即“互联网广告经营者、发布者,应当办理工商登记注册,并在其互联网媒介资源的明显位置加载工商登记的相关信息”;从事互联网广告经营、发布的自然人,则“应当通过第三方有资质的广告经营者开展广告活动,并向第三方广告经营者提交其姓名、地址、有效身份证明、有效联系方式等真实身份信息。具备登记注册条件的,依法办理工商登记”。

《广告法》第三十条规定:**广告主、广告经营者、广告发布者之间在广告活动中应当依法订立书面合同。**

本条款强调了签订广告合同的必要性。任何一项广告活动都要涉及广告主、广告经营者、广告发布者各方的自身利益,广告主的目的就是通过对自己产品的广告宣传而得到一个预期的市场营销效果。对于广告经营者来说,他们则想通过自己的策划、创意与制作来完成一件广告作品,在完成广告主意图的同时给自己带来一定的经济效益。对于广告发布者来讲,他们则希望通过其自身所拥有的媒介资源来完成广告信息的发布,从中得到相应的经济效益。任何一方从事这一活动的目的都是想通过广告的制作与发布给各方带去预期的经济效益。由于广告活动是一项综合了多种技术手段、物质材料与智力劳动且较为复杂的经济技术活动,因而在《广告法》中又特别规定,从事这一活动时不能以口头方式订立合同,而必须用书面方式订立合同,只有采用了书面形式,才能详细有效力地明确各方的权利与义务。

《合同法》第五条规定:“当事人应当遵循公平原则确定各方的权利和义务”;第六条规定:“当事人行使权利、履行义务应当遵循诚实信用原则”;第七条规定:“当事人订立、履行合同,应当遵守法律、行政法规,尊重社会公德,不得扰乱社会经济秩序,损害社会公共利益”。

《合同法》的这三条规定,适用于从事包括广告在内的所有商业活动时各方应担当的责任、应该享有的权利和所应履行的义务。

从广告活动的本质属性来分析,它应该是一种承揽性质的商业活动,因而所订立的合同应为承揽合同,就必须依照《合同法》中的上述条款认真履行合同,保质保量地按时完成广告业务。

《广告法》第三十一条规定:**广告主、广告经营者、广告发布者不得在广告活动中进行任何形式的不正当竞争。**

本条款旨在禁止广告市场的不正当竞争行为。《反不正当竞争法》中对反不正当竞争法的意义、不正当竞争的定性等作了明确规定。

《反不正当竞争法》第一条规定:“为保障社会主义市场经济健康发展,鼓励和保护公平竞争,制止不正当竞争行为,保护经营者和消费者的合法权益,制定本法。”

《反不正当竞争法》第二条规定:“经营者在市场交易中,应当遵循自愿、平等、公平、诚实信用的原则,遵守公认的商业道德。本法所称的不正当竞争,是指经营者违反本法规定,损害其他经营者合法权益,扰乱社会经济秩序的行为。本法所称的经营者,是指从事商品经营或者营利性服务(以下所称商品包括服务)的法人、其他经济组织和个人。”

《反不正当竞争法》第九条规定:“经营者不得利用广告或者其他方法,对商品的质量、制作成分、性能、用途、生产者、有效期限、产地等作引人误解的虚假宣传。广告的经营者不得在明知或者应知的情况下,代理、设计、制作、发布虚假广告。”

但是在各个行业的具体操作中,尤其是广告业这样一个直接为市场营销服务的行业,需要制定专门的法律规定才有利于广告监督管理的执行实务,这就需要《广告法》对此加以专业性规定。同时,因为广告活动是社会主义市场经济活动中的一个重要组成部分,其活动主体在从事广告活动时必须遵守国家制定的有关规定,广告业的不正当竞争无论是从主观上还是客观上都会损害其他广告活动主体的利益。《广告法》第三十一条的规定正是从维护我国广告市场秩序的角度出发,对《反不正当竞争法》中的基本原则——维护公平竞争作了更进一步的表述。

《广告法》第三十一条“禁止不正当竞争行为”的规定中禁止的主体为广告主、广告经营者、广告发布者三方,各方均不得从事不正当竞争行为。在广告活动中,不正当竞争行为的表现形式是多种多样的,《广告法》对禁止不正当竞争的具体行为采取的是无具体限制的规定,即任何形式都禁止,这里当然包括《反不正当竞争法》中所规定的各种行为。

此外,国家工商行政管理总局于 1997 年 12 月 16 日制定的《广告活动道德规范》第六条规定:“广告主应当自觉遵守国家广告管理法律法规和其他有关规定,与其他广告主进行公平、正当的竞争,不得以不正当的方式和途径干扰、损害他人合法的广告活动。”不正当竞争行为是广告活动中最损害广告主、广告经营者、广告发布者各方利益的一种违法行为,我国对此予以了严格的法律规定与道德约束。《中国广告主协会章程》第三条也明确规定:“反对各种不正当竞争行为和恶性竞争行为,反对侵害国家和他人利益的行为,倡导善意、诚实、信用的商业原则,并团结会员在营销传播活动中遵从有关的各种规范和行业公约,加强自律。”

当前,广告主的不正当竞争行为体现在几个方面:一是在广告宣传中,依据科学上没有定论的结论来否定他人的产品和服务,借以突出自己的产品和服务;片面宣传或夸大同类产品或服务的某种缺陷,以对比、联想等方式影射他人;未经有关部门认定假冒商标的情况下,在各种声明、启事中涉及他人的商标;擅自使用他人知名商品和服务标志作为陪衬宣传自己的产品和服务,不正当地利用和享用他人的商品声誉和商业信誉等。二是在选择广告代理环节,比如按照人情、关系选择广告经营者的服务,或是以虚假招标方式引诱投标者投标、盗用投标者的广告策划和创意等。

广告经营者的不正当竞争行为主要表现为以不正当手段达到承揽广告的目的,包括几个方面:一是利用物质引诱或胁迫等不正当手段获取其他广告经营者的商业秘密;二是以许诺回扣、干股或给广告主某种好处为诱饵,拉拢、腐蚀广告主;三是采用暗中给予媒介经办人财物等不正当手段从广告发布者手中争夺广告刊播时间或版面、户外广告发布位置;四是联合其他广告活动主体以压价或抬价方式挤垮竞争对手,典型的如垄断媒体购买,并以高出媒体价格公开刊例价的价格转卖广告刊播时间和版面;五是利用职权或借助某一权力手段独占广告资源或借助权力自身的影响力承接广告业务,使广告主不能采取多种方法挑选有信誉的广告经营者;六是以不正当手段从其他广告公司延揽高级管理人才等。

对广告发布者来讲,不正当竞争行为的主要表现是利用自己拥有的媒介资源或其他发布手段的优势,妨碍其他广告活动主体之间的正当竞争。比如,以不正当理由拒绝广告经营者的正常客户代理业务,并强制该广告经营者必须通过与其有特殊利益关系的代理公司进行代理;违背广告主、广告经营者的意愿搭售时间、版面或附加其他不合理的交易条件;对不同客户实行不同的收费标准,强制要求客户预付广告费,不按规定的标准返还代理费等。①

值得关注的是,伴随着互联网广告的发展,广告的形式与经营方式不断创新,一些新的不正当竞争行为也于近年出现。根据国家工商行政管理总局于 2015 年 7 月 2 日发布的《互联网广告监督管理暂行办法(征求意见稿)》,互联网广告活动中的不正当竞争行为还有如下类型:一是利用浏览器等各类软件、插件,对他人正当经营的各类广告采取拦截、过滤、覆盖等限制措施;二是利用通信线路、网络设备以及插件、软件、域名解析等方式劫持网络传输数据,篡改或者遮挡他人正当经营的各类广告;三是以虚假流量、恶意植入数据、恶意点击等方式改善自身排名或者损害他人正当利益、贬低他人的商业信誉;四是以结盟、联盟等方式限制他人进

① 《广告行业公平竞争自律守则》,2009 年 12 月 30 日,见 http://www.cnadtop.com//xiehuifuwu/fl/zl-gz/2009/12/30/0bddb710-91cb-43ee-9327-27eb73b40b61.htm。

入某一市场或经营领域；五是使用他人商标、企业名称作为文字链接广告、付费搜索广告的关键字加入网站页面或源代码，以提高搜索度，诱使消费者进入错误网站等。

《广告法》第三十二条规定：**广告主委托设计、制作、发布广告，应当委托具有合法经营资格的广告经营者、广告发布者。**

出于简政放权、激发广告市场活力的考虑，新法取消了对广告主的相关审查规定，即不再对广告主所发布的广告信息作出应符合其经营范围的规定，不再对开展广告活动时应具有或提供相应证明文件等做要求[①]；但同时保留了广告主对广告经营者和广告发布者进行审核的规定，要求广告主为自己生产或经营的商品、或者提供的各类商业服务在进行市场调查、广告策划、广告定位、设计、制作、选择媒介、广告发布和效果监督等一系列经营活动时，应委托经过工商行政管理机关核准登记的、具有设计、制作、代理广告经营权的广告经营者进行；在发布广告信息时要委托具有发布设施与技术手段并经过工商行政管理机关核准登记的、具有发布广告经营权的广告经营单位进行。其中，合法经营资格包括两个方面：一是广告经营者和广告发布者所经营的广告制作业务或广告发布业务是依法设立的，二是广告经营者和广告发布者在其所从事的业务领域内从事广告活动时有一个合法经营的范围。因此，《广告法》第 32 条重点规定了广告主委托设计、制作、发布广告时，必须由具有合法资格的广告经营者、广告发布者承接；反之，将会造成广告合同无效，如果给他人造成经济损失，广告主必须承担赔偿责任，同时还要受到行政处罚。对于广告经营者、广告发布者来讲，如果自己没有广告主所委托的业务资格，应当主动提出，否则也将依法受到处罚。

《广告活动道德规范》第九条规定：“广告主应当在国家法律、法规的规范内，按照市场经济规律，根据服务质量，选择广告经营者的服务，自觉抵制各种损害企业利益的人情、关系广告业务。”这也就告诉我们，只有选择那些被国家认定具有从事广告活动资质的经营者和发布者，才能较好地完成预定的广告业务，并杜绝社会上的行业不正之风。

《广告法》第三十三条规定：**广告主或者广告经营者在广告中使用他人名义或**

---

① 原《广告法》第二十二条规定：“广告主自行或者委托他人设计、制作、发布广告，所推销的商品或者所提供的服务应当符合广告主的经营范围”。第二十四条规定：“广告主自行或者委托他人设计、制作、发布广告，应当具有或者提供真实、合法、有效的下列证明文件：(一)营业执照以及其他生产、经营资格的证明文件；(二)质量检验机构对广告中有关商品质量内容出具的证明文件；(三)确认广告内容真实性的其他证明文件”。这两个条款在修订时已被删除。

者形象的，应当事先取得其书面同意；使用无民事行为能力人、限制民事行为能力人的名义或者形象的，应当事先取得其监护人的书面同意。

本条款主要说明广告涉及他人人身权利时的义务。为了保护公民的个人权利不在广告活动中受到侵犯，《广告法》第三十三条对在广告中使用他人名义、形象事宜作出了规定，即广告主、广告经营者在广告中使用他人名义、形象进行宣传时应当事先取得他人的书面同意。本条款同时规定，对于在广告宣传中使用无民事行为能力人、限制民事行为能力人的名义、形象作为广告形象或者广告代言的，应当事先取得其监护人的书面同意。

依据相关的司法解释，民事行为能力是权利能力者独立实施民事法律行为的资格。年满十八周岁的公民有完全行为能力；但已满十六周岁，不满十八周岁，以其劳动收入作为主要生活来源者，也视为完全行为能力人。不满十周岁的人无行为能力。其他人有部分行为能力，称为限制行为能力人。限制行为能力是指能独立实施法律限定的民事法律行为的资格。无民事行为能力是指完全不具有以自己的行为从事民事活动以取得民事权利和承担民事义务的资格。《中华人民共和国民法通则》第二条第二款规定："不满十周岁的未成年人是无民事行为能力人，由他的法定代理人代理民事活动。"不满十周岁的未成年人，由于年龄太小，没有独立表达意思的能力，不能独立进行民事活动。从保护他们的利益和保障社会秩序的目的出发，法律不赋予他们民事行为能力。

《中华人民共和国民法通则》第十二条规定："十周岁以上的未成年人是限制民事行为能力人，只能进行与他的年龄、智力相适应的民事活动；其他民事活动由他的法定代理人代理，或者征得他的法定代理人的同意。十周岁以上的未成年人是指除十六周岁以上不满十八周岁以自己的劳动收入为主要生活来源的公民外，十周岁以上十八周岁以下的公民。此外，不能完全辨认自己行为的精神病人也称为限制民事行为能力的人。"《中华人民共和国民法通则》第十三条第二款规定："不能完全辨认自己行为的精神病人是限制民事行为能力人，可以进行与他的精神健康状况相适应的民事活动；其他民事活动由他的法定代理人代理，或者征得他的法定代理人的同意。"

无民事行为能力的人因为不具有独自承担法律责任的能力，因而如果未征得其监护人的同意就使用其形象做广告，一旦引起侵权民事纠纷，责任归属认定就会变得非常困难，这样做也常常会给其本人造成形象与名誉方面的损害。为了避免上述现象的发生，在使用无民事行为能力的人做广告形象代言时，应事先征得其监护人的书面同意。

而选用限制民事行为能力的人代言广告宣传时，如果未征得其监护人的同意，一旦引起侵权民事纠纷，责任归属认定同样会变得很困难，这样做也会给其本人造成形象与名誉方面的损害。为了避免上述现象的发生，在使用限制民事行为能力的人做广告形象代言时，同样要事先征得其监护人的书面同意。

《广告法》第三十四条规定：**广告经营者、广告发布者应当按照国家有关规定，建立、健全广告业务的承接登记、审核、档案管理制度。广告经营者、广告发布者依据法律、行政法规查验有关证明文件，核对广告内容。对内容不符或者证明文件不全的广告，广告经营者不得提供设计、制作、代理服务，广告发布者不得发布。**

本条款规定了广告业务管理制度和查验、核对义务。

广告经营者、广告发布者是广告信息传播的主要环节，其对所经营、发布广告的自我监管和审查构成了我国广告监管活动的重要内容；若其能强化广告审查把关意识，就能有效地保证广告内容的真实、合法，并预防和最大限度地减少违法广告、虚假广告的发布。但实际上，目前的市场运作中经常会出现广告发布者、广告经营者集经营与审查为一体的现象，也就是人们常说的“既当裁判员，又当运动员”的现象。这样就会出现广告经营单位为了拉广告而不顾及广告主体是否合法、广告内容是否真实，只要给钱就制作、刊播的情形。

所以，1996 年国家工商行政管理总局根据《广告法》和其他相关法规中的规定，学习借鉴发达国家的经验，结合我国广告业发展的实际，制定了《广告审查员管理办法》，建立起促使广告经营者和广告发布者自我约束、守法经营的广告审查员制度；2012 年，国家工商行政管理总局与中央宣传部、国务院新闻办公室等部门联合制定了《大众传播媒介广告发布审查规定》，进一步落实广告发布者的广告发布审查责任。本条款亦进一步强调了广告经营者与广告发布者的事前审查义务。

具体而言，广告经营者和广告发布者的事前审查义务包括如下两方面：

第一，广告业务的承接登记和审核。这主要指当广告主要求广告经营者或者广告发布者为其承接广告业务时，广告经营者应对广告主所委托的广告业务内容、广告主的资质、所有相关证明材料进行审核，一一登记造册，并以此为底本建立该广告业务的整个档案，以便于日后查验和其他管理工作的顺利进行。在为广告主制作和发布广告前，应对广告主的资质、广告审查与证明文件、广告发布前的相关审查手续等进行登记与审核，并建立该广告的档案。

第二，广告内容的自我审查。这项工作一般由广告审查员按照如下程序执行：(1)查验各类广告证明文件的真实性、合法性、有效性，对证明文件不全的，提出补充收取证明文件的意见;(2)核实广告内容的真实性、合法性;(3)检查广告形式是否符合有关规定;(4)审查广告的整体效果,确认其不致引起消费者的误解;(5)检查广告是否符合社会主义精神文明建设的要求;(6)签署对该广告同意、不同意或者要求修改的书面意见。最终的广告审查书面意见应记入广告档案。[①]

在履行该条款时,广告经营者、广告发布者还应注重从如下环节入手:(1)熟知国家有关广告管理法规的内容,并应经常组织本单位职工开展法规学习和培训活动。目前,我国对广告业的管理已经形成了以法律、法规、规章、规范性文件与职业道德教育为一体的法律体系,这一法律体系对广告的方方面面都进行了规范和制约。只有详细了解这些法律、法规、规章和规范性文件,广告经营者与广告发布者才能在广告活动中区分合法与违法广告活动的界限,杜绝广告经营中的违法行为。(2)强化广告自我审查和自律意识。各广告经营主体应该意识到:没有良好的广告市场秩序,就不可能有广告业健康、持续的发展;没有广告人的自律,就不可能有良好的广告活动秩序。国家工商行政管理总局 1997 年 12 月 16 日发布的《广告活动道德规范》第十二条规定:"广告经营者在广告创意、设计、制作中应当依照有关广告管理法律、法规的要求,运用恰当的艺术表现形式表达广告内容,避免怪诞、离奇等不符合社会主义精神文明要求的广告创意。"这一规定就从道德层面进一步对广告经营者提出了在制作广告时的法律自律要求。这样的要求会更加促使广告人树立诚信广告意识,使其所创作出来的广告成为市场营销的助推剂和精神文明建设的一个窗口。

《广告法》第三十五条规定:**广告经营者、广告发布者应当公布其收费标准和收费办法。**

本条款主要涉及广告费用的制定和收费管理。《广告行业公平竞争自律守则》第十条规定:"坚持公平竞争,以服务质量取胜。必须坚持政府规定的广告代理费标准,不得以给个人回扣等不正当手段争夺客户。"第十六条规定:"广告价格及优惠办法必须遵循'统一、公开、公平'的原则。"第十七条规定:"广告价格应根据收视率、收听率、阅读率、影响面、服务质量等因素制定,并按照市场供求关系进行调整。"

此外,《广告活动道德规范》第二十条规定:"广告发布者应当严格执行国家有关广告服务价格的管理规定,根据媒介的发行量、收视率等科学依据制定合理的收费方法和收费标准。广告经营者采用招标等特殊方式确定广告价格的,招标方

---

① 见《国家工商行政管理局广告审查员管理办法》〔工商广字(1996)第 239 号〕,1996 年 7 月 2 日。

案和办法应当合法、公正，不得利用不正当手段哄抬广告服务价格。”从这些条款中可以明显看出，收费标准的制定原则就是公平、合理，最大限度地保障各方应得利益，反对不正当竞争行为。

而依循简政放权的核心思路，本次《广告法》修订取消了广告收费标准和收费办法备案制度[①]，只要求将其公布即可，以进一步激发广告市场的活力。

具体来讲，广告收费是指广告公司为广告主开展市场调查、策划、创意、制作广告、广告效果监督、全面代理广告服务时所收取的服务费，以及媒介为广告主提供广告发布服务时所收取的广告费用。在广告活动中，广告公司和媒介接受广告主的委托并收取一定的费用方可为其完成广告行为。《广告行业公平竞争自律守则》第六条规定：广告主应“认真履行广告业务合同，按合同规定的时间和数额支付广告费，不得拖欠。”也就是说广告主只有按规定将广告费用支付给广告经营者（广告公司）、广告发布者（媒介单位）后，广告活动才能顺利进行并完成。因此，广告主与广告经营者、广告发布者之间是一种有偿民事行为。广告费用的及时支付对广告主广告活动的开展与企业乃至整个市场营销活动的顺利进行起着至关重要的作用，它决定着广告主的广告投放地域、广告形式、媒体选择等。

为了加强对广告服务收费的监督管理，国家工商行政管理总局与国家计划委员会于1995年12月19日颁布、1996年3月1日正式施行《广告服务收费暂行办法》（后文简称《办法》）。《办法》第四条规定：“广告服务收费应当坚持自愿委托与合理、公开的原则。广告经营者、广告发布者应当遵守国家的价格法规和政策，开展正当的价格竞争，提供质价相符的服务。”

《办法》第六条规定：“制定广告服务收费标准及收费办法，应当符合下列要求：（一）广告服务收费标准，应当根据提供广告服务的工作繁简和广告的覆盖面及收看情况，以广告的服务成本为基础、加合理利润，参照当地广告市场同一期间、同一档次、同种服务项目的价格水平合理确定。（二）广告服务收费，应当实行同一广告服务项目同质同价，不能根据不同服务对象制定不同的收费标准及收费办法。（三）严格执行国家有关禁止牟取暴利的规定，广告服务的利润率不得超过省级人民政府价格主管部门会同有关业务主管部门测定公布的同一期间、同一档次的同种服务项目的平均利润率的合理幅度。省级人民政府价格主管部门未专项公布广告服务平均利润率及其合理幅度的，各类广告服务的利润率一般不应超过公布的其他服务项目中利润率最高项目的平均利润率及其合理幅度。”

---

① 原《广告法》第二十九条规定：“广告收费应当合理、公开，收费标准和收费办法应当向物价和工商行政管理部门备案。广告经营者、广告发布者应当公布其收费标准和收费办法。”

《办法》第七条规定:"广告经营者、广告发布者要严格执行国家关于商品和服务实行明码标价的规定,按照规范的广告服务收费价目表方式标示收费标准及收费办法;广告服务收费价目表,应当悬挂在广告服务经营场所或者收费地点的醒目位置。广告发布者还应当将本单位的广告收费标准及收费办法通过其发布广告的媒介向社会公布。"

《办法》第十四条规定:"国家依法指定的广告媒介单位发布证券上市公司信息广告,其收费标准应当低于普通商业广告的收费标准。具体收费标准在不超过普通商业广告收费的70%的幅度内,由广告媒介单位与企业协商议定。"

这个文件针对广告服务收费具体规定了实行国家定价、国家指导价和市场价格三种基本形式。其中广告代理费和广告场地占用费实行国家定价;广告设计、制作和广告发布等各种形式的收费则均由广告经营单位自行制定,实行市场价格。

第二节 广告行为规范解读(B)

《广告法》第三十六条规定:**广告发布者向广告主、广告经营者提供的覆盖率、收视率、点击率、发行量等资料应当真实。**

本条款要求涉及媒介传播效果的资料真实。同时,作为对《广告法》的重要补充,《广告行业公平竞争自律守则》第十五条规定广告发布者"必须真实地公布发行量、覆盖面、收视、收听和阅读率等资料";第十七条规定:"广告价格应根据收视率、收听率、阅读率、影响面、服务质量等因素制定,并按照市场供求关系进行调整"。

上述条款主要是针对广告发布者、广告主、广告经营者而作出的规定。广告发布者需要有广告主、广告经营者的委托才会有广告业务的发生。因而,广告发布者必须事先公开自己发布广告的有效数据,即媒介的覆盖面、收视率、发行量等,所提供的资料必须真实、可信。这样才能使广告主对自己广告产品的下一步市场营销有一个较为准确的战略目标,并依据这一制定好的市场营销战略选定具体媒介开展广告活动。

因此,《广告法》第三十六条要求大众传播媒介的传播效果数据,不论是报纸、杂志的发行量,还是电视的收视率、网络的点击率、广播的覆盖率、户外媒介的注目率等,都应当委托专业的调查机构进行相关调查后,以调查数据为依据,这样才能做到诚实经营,为广告主取得预期的广告传播效应,使产品或者商业服务信息收到应有的传播效果。

《广告法》第三十七条规定：**法律、行政法规规定禁止生产、销售的产品或者提供的服务，以及禁止发布广告的商品或者服务，任何单位或者个人不得设计、制作、代理、发布广告。**

本条款规定了广告经营者和广告发布者不得提供广告服务的情形，即国家法律、行政法规规定禁止生产、销售的商品或者提供的服务，以及禁止发布广告的商品或者服务。比如，《中华人民共和国药品管理法》第三十九条规定“麻醉药品、精神药品、毒性药品、放射性药品，实行特殊的管理办法”；第四十条规定“麻醉药品，包括原植物，只准由国务院卫生行政部门会同有关部门指定的单位按照规定供应”。《烟草广告管理暂行办法》规定：“广播、电视、电影节目以及报纸、期刊的文章不得变相发布烟草广告；其他商品、服务名称及服务项目名称与烟草制品商标名称相同的，该商品、服务的广告必须以易于辨认的方式，明确表示商品名称、服务种类，不得含有该商品、服务与烟草制品有关的表示。”《兽药管理条例》第三十八条第二款规定：“兽用麻醉药品、精神药品，不得进行广告宣传。”国家法律法规禁止生产的其他商品，像枪支、弹药、危险品等，就不允许为其进行广告宣传。

同时，本条款再次强调了自然人的法律责任，要求无论是单位还是个人，均不能触碰上述“红线”。

《广告法》第三十八条规定：**广告代言人在广告中对商品、服务作推荐、证明，应当依据事实，符合本法和有关法律、行政法规规定，并不得为其未使用过的商品或者未接受过的服务作推荐、证明。不得利用不满十周岁的未成年人作为广告代言人。对在虚假广告中作推荐、证明受到行政处罚未满三年的自然人、法人或者其他组织，不得利用其作为广告代言人。**

本条款是关于广告代言人的义务。事实上，原《广告法》第三十八条第三款已经对广告代言作出了相关规定：**社会团体或者其他组织，在虚假广告中向消费者推荐商品或者服务，使消费者的合法权益受到损害的，应当依法承担连带责任。**然而，该条款并没有明确作为自然人的广告代言人的法律责任，这导致其面对近年来愈发乱象横生的广告代言市场，广告活动无法适应工商行政管理部门的监管需要，在现实中发生了一些侵害消费者合法权益的案件。因此，本次《广告法》修订时细化了对广告代言人的规定，以加强广告监管。

对于广告代言人的法律义务，我们可以从如下方面进行理解：

第一，广告代言人必须如实陈述商品或服务的信息，必须遵循相关法律、法规规定。这实质上是要求广告代言人应对其在广告中的言论负责，不能随意夸大商品或者服务的功能、虚假宣传各种代言产品的功效,否则将承担相应的法律责任。新修订《广告法》在第五十六条对此作出了规定,当代言了"关系消费者生命健康的商品或者服务的虚假广告"或"明知或者应知广告虚假"而仍进行代言,对消费者造成损害时,广告代言人应与广告主承担连带责任。

第二,广告代言人不得为未使用过的商品或未接受过的服务代言。没有实践就没有发言权,代言人必须加强责任意识,对自己推荐、证明的言行负责,最好的方式就是先自身体验商品或服务的效果,再代言,以最大限度避免过度宣传、夸张宣传甚至虚假宣传等情况的出现。根据这一规定,今后再出现男性代言女性产品(如卫生巾、女性内衣、女性护肤品)等情况,则代言人需承担一定的法律责任。

第三,对广告代言人有一定的资质要求。其一,未满十周岁的未成年人不得担任广告代言人。这主要出于如下考虑:一者,按照我国《民法通则》的规定,不满十周岁的未成年人属于无民事行为能力人,认知能力和水平均有限,在广告代言这一民事活动中,并不能真正表达自己的自由意志,亦不助于保证广告的真实性;二者,出于保护未成年人自身健康发展的考虑,避免其因广告代言活动而过早地接触商业世界;三者,出于对作为广告受众的未成年人的身心健康的保护,避免其因同龄人的推销而相应地模仿,从而对其身心健康带来负面影响。[①] 其二,曾为虚假广告代言且受到行政处罚未满三年的代言人,不得进行广告代言,这旨在形成倒逼机制,促使代言人进一步强化责任意识、自觉规范代言行为。

第四,广告代言人的代言范围有一定的限制。根据《广告法》相关规定,对于医疗、药品、医疗器械、保健食品等,"医药科研单位、学术机构、医疗机构或者专家、医生、患者"以及任何自然人,均不得进行代言,因为这些都是关系到消费者生命健康安全的特殊商品或服务,由于人体的特殊性,对某人有效的并不代表对他人有效。因而,此时广告代言人的推荐、证明本身便不具有科学性;而在涉及农药、兽药、饲料、饲料添加剂、教育、培训、招商、农作物种子、林木种子、种植养殖等产品的广告中,科研单位、学术机构、专业人士、用户(受益者)等均不得代言。

《广告法》第三十九条规定:**不得在中小学校、幼儿园内开展广告活动,不得利用中小学生和幼儿的教材、教辅材料、练习册、文具、教具、校服、校车等发布或者变相发布广告,但公益广告除外。**

本条款要求广告不得侵扰中小学生、幼儿的正常学习环境。1995 年实施的《广告法》仅有一个条文涉及未成年人保护,即第十条。第十条中规定:**广告不得**

---

① 刘双舟:《为"祖国的花朵"保驾护航——解读新〈广告法〉保护未成年人身心健康制度的完善》,《中国工商报》,2015 年 7 月 21 日,第 7 版。

损害未成年人和残疾人的身心健康。但在实践中，这一简单条款既不具有可操作性，也无法真正起到保护未成年人权益的作用。对此，本次修订《广告法》时，在保留原有条款的基础上，对未成年人广告管理增添了新的条款，以加强对未成年人保护的力度，第三十九条即为其中之一。

由于中小学校、幼儿园是未成年人学习和生活的主要场所，而教材、教辅材料、练习册、文具、教具、校服、校车等是其经常接触的物品，加之未成年人缺乏分辨广告与其他信息的能力，因而在这些渠道上出现的广告内容会对未成年人的成长产生重要影响。虽然我国教育部门出于保护未成年人的考虑，也对上述渠道内的广告内容作出了一定的规定，如2011年教育部办公厅发布的《教育部办公厅关于启动义务教务课程标准实验教材修订送审工作的通知》中附带的《义务教育教科书编印规范》便明确规定"教科书内不得有广告内容"，但由于缺乏相应的惩罚制度，近年来不良商家在教材、教辅材料等渠道上投放广告的案例仍不时出现。典型的如2014年10月中央电视台《是真的吗》节目曝光，广东肇庆的中学生所使用的北京仁爱教育研究所出版的英语课本配有活页广告纸，上面刊登有教科书录音带、教材讲解材料、电子点读笔等各类英语产品的广告内容，在教材的出版说明中也有近半个篇幅介绍该英语教材的配套产品等。因此，《广告法》第三十九条便明确要求未成年人的活动场所、所接触的物品上不允许出现任何商品广告（如商业赞助、冠名、软文广告等），以净化未成年人的生活环境。

同时，由于公益广告有助于未成年人树立正确的世界观和价值观，本条款也明确上述场所或媒介可以开展公益宣传活动。但需注意的是，有商业赞助的公益广告（如某某商业企业赞助的公益活动，或在公益广告中出现商业企业的Logo、名称、地址、联系方式等）仍旧是不被允许的。[①]

《广告法》第四十条规定：**在针对未成年人的大众传播媒介上不得发布医疗、药品、保健食品、医疗器械、化妆品、酒类、美容广告，以及不利于未成年人身心健康的网络游戏广告。**

针对不满十四周岁的未成年人的商品或者服务的广告不得含有下列内容：（一）劝诱其要求家长购买广告商品或者服务；（二）可能引发其模仿不安全行为。

这是关于未成年人广告管理的另一个新增条款，主要有如下两方面规定：

第一款旨在对未成年人专属媒体上发布的广告内容加以规定。其中，针对未成年人的大众传播媒介包括以未成年人为主要阅读对象的报纸、杂志等印刷类

---

① 《广东省工商局部署实施新〈广告法〉》，广东省工商行政管理局官方网站，2015年8月27日，http://www.gdgs.gov.cn/publicfiles/business/htmlfiles/gdgsj/s39/201508/54628.html

媒体或版面,以未成年人为主要收听、收视对象的广播、电视频道或其栏目、节目,以及以未成年人为主要对象的互联网站、互联网栏目等。这些大众传播媒介是未成年人获取信息的主要渠道,对其成长有着重要影响,因而也相应负有保护未成年人身心健康的社会责任。《广告法》要求这些媒介不得发布两类广告内容:一是医疗、药品、保健食品、医疗器械、化妆品、酒类、美容等广告。因为这些广告主要针对成年人,而未成年人由于年龄、智力、社会阅历等的限制,难以理解这些广告内容。此外,这些广告中也可能因含有某些不适宜未成年人阅读和观赏的内容或表达形式,给未成年人带来不良影响。二是不利于未成年人身心健康的网络游戏广告。需引起注意的是,该条款并非一味认为网络游戏对未成年人有百害而无一利、完全禁止网络游戏广告,而是对网络游戏持客观公正的态度——既承认沉迷网络游戏对未成年人的危害,寄希望于通过颁布此条款实现对未成年人的保护;同时也认可网络游戏的正向价值,希望通过规范其广告内容,为其正常推广、实现其对未成年人的积极作用(如开发智力、培养与人交流的意识、形成规则意识等)提供可能。

第二款则针对涉及不满十四周岁的未成年人的广告进行了规定。一是不得含有劝诱其要求家长购买商品或服务的内容。作为心智尚未成熟的特殊群体,未成年人缺乏独立的判断能力和自我保护能力,若广告中含有明显的劝诱信息(如某些儿童食品电视广告中出现“妈妈,我还要喝”、“喝了某某某,长大当某某某”等话语[①]),则足以误导其消费观和价值观,促使其产生虚荣和攀比心理,继而迫使父母进行购买,甚至盲目消费。广告界早就认识到了商业广告对未成年人可能造成的这一危害,如 2010 年中国广告协会发布的《广告宣传精神文明自律规则》就明确要求广告中不得出现“利用儿童给家长施加压力”,“以是否拥有某种商品而使儿童产生优越感或自卑感”,“利用超出儿童判断力的描述,使儿童误解或变相欺骗儿童或其他消费者”[②]等内容。二是不得含有可能引发其模仿不安全行为的内容。根据我国刑法及其司法解释的规定,十四周岁以下是完全不负刑事责任的年龄阶段,这个阶段的儿童不具备辨认和控制自己行为的能力,如果广告中出现不安全行为的内容(如电视广告中出现儿童踩着滑板车在街道中飞驰,喝掉饮料后纵身做高台跳水,穿上运动鞋在高楼间跳跃等危险画面以及一些犯罪内容),则有可能导致其模仿。这不仅不利于未成年人自身安全观念的建立,会对其自身健

---

① 阿计:《为孩子打造广告的“净空”》,《江淮法治》,2015 年第 14 期。

② 中国广告协会法律服务中心:《广告宣传精神文明自律规则》,2010 年 2 月 2 日,http://www.cnadtop.com//xiehuifuwu/fl/zlgz/2009/12/30/33281486-5e8d-461e-ada3-6e3a85d9f0ad.htm。

康安全造成危害，还有可能对他人安全造成伤害，甚至危及社会安全秩序。

《广告法》第四十一条规定：**县级以上地方人民政府应当组织有关部门加强对利用户外场所、空间、设施等发布户外广告的监督管理，制定户外广告设置规划和安全要求。**

户外广告的管理办法，由地方性法规、地方政府规章规定。

本条款针对的是户外广告的监管。户外广告是现代广告中一个重要的种类，主要指利用户外场所、空间、设施等发布的广告，包括利用户外场所、空间、设施等发布的以展示牌、电子显示装置、灯箱、霓虹灯为载体的广告，利用交通工具、水上漂浮物、升空器具、充气物、模型表面绘制、张贴、悬挂的广告，以及在地下铁道设施、城市轨道交通设施、地下通道或交通枢纽站内外设置的广告等。户外广告是报纸、期刊、广播、电视等主流媒介以外的又一重要媒介形式，在整个广告媒体以及广告业的发展中已经显示出越来越重要的信息传播作用力。同时，好的户外广告也是现代城市中一道亮丽的风景。因此，为了能使户外广告在宣传商品的同时给城市规划与建设增加新的亮点，《广告法》第四十一条、第四十二条对户外广告专门作出了法律规定。

其中，第四十一条基本沿袭了原《广告法》的相关条款，[①]旨在对户外广告的设置规划和管理办法作出明确规定。

同时，关于户外广告的监管，我国相关法律亦有所涉及。如2004年6月29日发布、定于2004年7月1日起施行的《国务院对确需保留的行政审批项目设定行政许可的决定》明确了户外广告登记的工作应由县级以上地方人民政府工商行政管理部门负责。国家工商行政管理总局于2006年5月22日发布的《户外广告登记管理规定》对户外广告的设立、广告审批、宣传内容等也作出了具体规定。比如第十四条规定："户外广告发布单位在取得户外广告登记证后，情况发生变化不具备本规定第六条规定条件的，应当停止户外广告发布，户外广告登记证由登记机关撤回。"第十七条规定：工商行政管理机关负有"加强对户外广告的日常监督检查，依法查处违法户外广告"的职责，户外广告发布单位以及相关当事人有"接受工商行政管理机关的监督检查，不得隐瞒真实情况、提供虚假材料"的义务。第十八条、第十九条、第二十条、第二十一条、第二十二条规定了对那些擅自发布户外广告，骗取户外广告登记，擅自改变登记事项，不按要求标注登记号以及伪造、涂改、出租、出借、倒卖或以其他形式转让户外广告登记证等违法行为的具体处罚

① 原《广告法》第三十三条规定："户外广告的设置规划和管理办法，由当地县级以上地方人民政府组织广告监督管理、城市建设、环境保护、公安等有关部门制定。"

规则。第二十三条明确了工商行政管理机关工作人员在户外广告登记管理过程中玩忽职守、滥用职权、徇私舞弊应承担的法律责任。

但是在相关规定的理解与执行上,有些地方政府在观念上产生了偏差,他们依照《广告法》第四十一条规定,认为只有当地政府才对户外广告的设置与拆除拥有法律制定权与管理权限,而工商行政管理部门则无权管辖户外广告。比如某沿海城市人民政府就曾发出一个文件,要求城建管理机关在近期内拆除市区内几乎所有的户外广告牌,在作出这一规定时他们并没有征求当地工商行政管理部门的意见,因而当户外广告的媒介经营者因自身利益受到损害而找到工商行政管理部门时,工商行政管理局的负责人却无法出面干涉此事。因此,在具体的监管实践中,各地亦应结合《广告法》的相关要求,尽快制定、出台相应的户外广告管理条例,进一步明确地方政府及各部门在户外广告管理上的职责,以确保各级地方政府和部门对户外广告管理有法可依、有职必履。

《广告法》第四十二条规定:**有下列情形之一的,不得设置户外广告:**

(一)利用交通安全设施、交通标志的;

(二)影响市政公共设施、交通安全设施、交通标志、消防设施、消防安全标志使用的;

(三)妨碍生产或者人民生活,损害市容市貌的;

(四)在国家机关、文物保护单位、风景名胜区等建筑控制地带,或者县级以上地方人民政府禁止设置户外广告的区域设置的。

本条款明确了禁止设置户外广告的情形。户外广告是广告媒介的一种,在传播广告信息时有着自身的特殊性,即它对于周围环境有一定的影响,这就需要对其做出一些限制性的规定,以保证周围环境不因广告宣传而受到不利影响。本条款具体包括如下情形:

第一,不得利用交通安全设施、交通标志设置户外广告标志物。对一座城市来讲,各种交通安全设施是用来指引并保证城市公共交通畅通无阻以及城市交通秩序正常运作的重要标志物,交通安全设施、交通标志是城市交通运输工具以及行人必须遵守、执行的特定符号,是一种由国家规定的指令性语言。为了保证城市道路交通安全、畅通无阻,《广告法》第四十二条规定,不得在交通安全设施或者交通标志物上从事广告活动,并且不得以此为媒介物来发布广告信息。本条款中所指交通标志主要有交通信号灯、各种交通指示牌等。交通安全设施主要指上下行车道隔离装置、人行道护栏等。

这里举一个典型案例,上海某洗浴中心曾在该洗浴中心所在地段的马路口设置的单行道交通标志牌上面焊接了一块面积超过该交通标志牌好几倍的洗浴中心广告牌，使得许多汽车行驶到该路口时因为那块洗浴中心的广告牌太大、太醒目而看不到下面的单行道标志牌，结果误将车逆行开进了该路段，直到被交警罚款后还搞不清楚是怎么一回事。当交警发现了那块广告牌后，立即责令洗浴中心将其撤掉，并依照《广告法》第四十二条规定给予罚款处理，但是该洗浴中心老板不仅不接受处罚，还大叫：我已向街道办事处交了设置费，谁也管不了我……

第二，不得影响市政公共设施、交通安全设施、交通标志的使用。本款主要是指在公共道路上设置户外广告牌时不能影响到城市的市政公共设施、交通安全设施和交通标志的正常使用。比如经过交通管理部门的测试后发现，如果霓虹灯广告与交通信号灯距离过近，就会在夜间严重影响到司机开车时注视交通信号灯的视线。

第三，不得妨碍生产或者人民群众生活，损害市容市貌。比如户外广告牌如果太大而且距离居民住宅过近，就会妨碍居民采光。人民群众是否能有一个好的心情从事生产、生活和城市的市容市貌有着直接关系。同时，像霓虹灯广告、灯箱广告、电子显示屏广告等户外广告更是城市中一道亮丽的风景线，尤其是夜晚时分，各种各样鲜艳亮丽的灯箱广告牌不停变幻着奇妙的图形，在城市各条马路上空、高大的建筑物顶上放射出千姿百态的光芒，展现出变幻无常的形态，给整座城市带去一道道美丽亮艳的风景线。但是如果户外广告粗制滥造、不讲求美感，则不但会破坏城市的景色，而且还会危及人们的生命安全。

比如媒体曾报道过的一个案例，苏州市一位姓周的先生将自己刚买来的宝马轿车停在保险公司楼下的停车场后，自己进到保险公司办事，但是他出来后却找不到宝马轿车了，找了好大一阵子才发现，宝马轿车被一块巨大的户外广告牌压成了一堆废铁……原来就在周先生刚刚进到办公楼里时，突然刮起了一阵大风，大风把架设在楼房顶上的一块广告牌吹落，刚好砸在了宝马车上，假如周先生下车再晚上几分钟，他自己怕是生命堪忧。

第四，不得在国家机关、文物保护单位和名胜风景点等建筑控制地点设置户外广告。在上述地带设置户外广告牌，是与这些单位的社会属性相悖的，同时也会影响到这些单位的正常工作。《新京报》2005 年 8 月 12 日曾经报道过一个案例：不少北京市民发现，很多公交站牌上都被贴上了“巴士”旅游广告，连站名都被挡住了。记者就此进行了调查。记者在六里桥一个公交站看到，三块站牌上方都有北京巴士旅游公交的广告，“六里桥站”几个字根本看不见，还有一块站牌两面都被覆盖了。从该站坐 719 路车到西直门，中途 10 个站，除了复兴门站外，其他所有公交站的站牌上都有此类广告。刚来北京的徐女士说,因为站牌上的名字被覆盖,导致她转悠了半小时才搞清楚方位。这样的广告不但给乘客的出行带来了很大的不便,而且也破坏了城市的市容市貌。公交站牌属于控制性公共设施,当然不得设置户外广告。

此外,不得在当地县级以上地方人民政府禁止设置户外广告的区域从事广告活动。何种地方设置户外广告牌会影响到城市的市政建设、市容市貌、居民生活等,只有当地政府才掌握其具体情况。因此,《广告法》第42条规定,不得在当地县级以上地方人民政府禁止设置户外广告的区域从事广告活动。也就是说,依据城市建设和城市规划的要求,县级以上地方政府将根据本地的实际情况决定禁止设置户外广告的区域。在实际中如何具体操作,则应由当地户外广告管理机关根据本地的实际情况作出具体规定。

《广告法》第四十三条规定:**任何单位或者个人未经当事人同意或者请求,不得向其住宅、交通工具等发送广告,也不得以电子信息方式向其发送广告。**

以电子信息方式发送广告的,应当明示发送者的真实身份和联系方式,并向接收者提供拒绝继续接收的方式。

本条款旨在禁止发送"垃圾广告"。近年来,为了达到推广、促销的目的,许多商家采用了向消费者住宅、车辆张贴、发放小广告等方式,或借助短信、邮箱、即时通讯工具等互联网渠道,不断向消费者"强制推送"地产推介、打折促销、教育移民等各类广告信息。这不仅严重干扰了消费者的日常生活和工作,还在一定程度上暴露并侵犯了消费者的个人隐私,而其中一些诈骗类信息(如中奖诈骗类短信、冒充银行扣款类短信、违法出售票据短信等)还有可能助长犯罪行为,对消费者的人身和财产构成直接损害。

针对此种情况,我国相关管理部门也通过开展专项治理活动、出台法律法规等方式加以监管,《广告法》第四十三条的内容即属于其中的一个重要部分。该条款实质上对广告发送作出了如下要求:第一,明确了"垃圾广告"的界定,即未取得当事人同意或者请求而推送的广告;第二,明确了"垃圾广告"的渠道,既包括住宅、交通工具等消费者活动的场所,也包括电话、短信、传真、电子邮件、社交媒体平台、应用软件等电子信息;第三,明确了以电子信息发送广告的具体规范,即应明示发送者的真实身份和联系方式,并向接收者提供拒绝继续接收的方式。

广告经营者、广告发布者在贯彻落实该条款时,既应遵循上述原则性规定,同时也应参照各个领域的专门规章对自己的行为加以规范。

比如,在短信息发布方面,可参照工业和信息化部于2015年5月19日出台、

2015 年 6 月 30 日起施行的《通信短信息服务管理规定》。该规定中第十八条要求:"短信息服务提供者、短信息内容提供者未经用户同意或者请求,不得向其发送商业性短信息。用户同意后又明确表示拒绝接收商业性短信息的,应当停止向其发送。基础电信业务经营者对通过其电信网发送端口类商业性短信息的,应当保证有关用户已经同意或者请求接收有关短信息。"第十九条规定:"短信息服务提供者、短信息内容提供者用于发送业务管理和服务类短信息的端口,不得用于发送商业性短信息。"第二十条规定:"短信息服务提供者、短信息内容提供者向用户发送商业性短信息,应当提供便捷和有效的拒绝接收方式并随短信息告知用户,不得以任何形式对用户拒绝接收短信息设置障碍。"第二十一条规定:"短信息服务提供者、短信息内容提供者向用户发送商业性短信息,应当在短信息中明确注明短信息内容提供者的名称。"

又如,对于借助互联网、移动互联网等新渠道发送广告信息的行为,2012 年底实施的《全国人民代表大会常务委员会关于加强网络信息保护的决定》要求:"任何组织和个人未经电子信息接收者同意或者请求,或者电子信息接收者明确表示拒绝的,不得向其固定电话、移动电话或者个人电子邮箱发送商业性电子信息。"同时,为了进一步加强对互联网广告的监管,国家工商行政管理总局于 2015 年 7 月颁布了《互联网广告监督管理暂行办法(征求意见稿)》,其中第十三条规定:"在电子邮箱、即时通讯工具等互联网私人空间发布广告的,应当在广告页面或者载体上为用户设置显著的同意、拒绝或者退订的功能选择。不得在被用户拒绝或者退订后再次发送电子邮件等广告。通过移动互联网终端以电子邮件、即时通讯信息发送广告的,在用户同意或者拒绝接收广告的选项内,还应设置同意或者拒绝接收广告的时间选项,不得在用户设定的拒绝接收的时间发送广告。与用户另有约定的除外。"

此外,对于通过电子邮件发送信息的方式,信息产业部于 2005 年也出台了《互联网电子邮件服务管理办法》,作出了相应要求。其中第十三条要求:任何组织和个人在发送电子邮件时不得"(一)故意隐匿或者伪造互联网电子邮件信封信息;(二)未经互联网电子邮件接收者明确同意,向其发送包含商业广告内容的互联网电子邮件;(三)发送包含商业广告内容的互联网电子邮件时,未在互联网电子邮件标题信息前部注明'广告'或者'AD'字样"。第十四条则规定:"互联网电子邮件接收者明确同意接收包含商业广告内容的互联网电子邮件后,拒绝继续接收的,互联网电子邮件发送者应当停止发送。双方另有约定的除外。互联网电子邮件服务发送者发送包含商业广告内容的互联网电子邮件,应当向接收者提供拒绝继续接收的联系方式,包括发送者的电子邮件地址,并保证所提供的联系方式在30日内有效。”

《广告法》第四十四条规定:**利用互联网从事广告活动,适用本法的各项规定。**

利用互联网发布、发送广告,不得影响用户正常使用网络。在互联网页面以弹出等形式发布的广告,应当显著标明关闭标志,确保能一键关闭。

本条款是关于互联网广告的相关规定。我国自1994年开始建设中国公用互联网(CHINANET)、中国教育和科研网(CERNET)、中国科技网(CSTNET)和中国金桥信息网(CHINAGBN)四大骨干网,全面进入互联网时代后,互联网事业在我国快速发展。依托于这一新兴媒介(包括其后的移动互联网)的商业广告活动——互联网广告,在我国也于1997年3月起开始出现。在此期间,互联网广告形式层出不穷,技术应用不断创新,经营模式日趋多元,市场规模节节攀升,已经成为我国广告市场的重要组成部分。清华大学新闻与传播学院发布的《传媒蓝皮书:中国传媒产业发展报告(2015)》显示,2014年我国网络广告收入首次超过电视广告,收入规模超过1500亿元。

然而,不容忽视的是,互联网广告在发展过程中也存在违法广告、虚假广告等诸多问题,对公众生活和社会良好运行带来了严重的负面影响。由于我国此前执行的《广告法》是于1994年制定的,彼时互联网广告尚未形成,因而其并未将互联网广告纳入管理范围,并且其中一些条款也无法满足实际监管的需要。这便使得长久以来对互联网广告的管理多依赖管理部门颁布的部门规章、广告活动主体的自律(如2007年6月,中国广告协会互动网络委员会成立并签署了我国互联网广告的第一部自律守则《中国互动网络广告行业自律守则》),以及相关管理部门开展的专项治理活动(典型的如2014年4月至8月,国家工商总局会同中宣部、国信办、工信部、食品药品监管总局、中医药局等部门组织开展了为期近5个月的整治互联网重点领域广告专项行动)等,但上述监管缺乏较高层级的法律层面的指导,在实践中遇到了许多困难。对此,本次《广告法》在修订时,明确将互联网广告纳入了管理范畴,在第四十四条、第四十五条两个条款中规定了互联网广告的行为规范,在第六十三条、第六十四条等条款中明确了互联网广告违法的相关责任。

《广告法》第四十四条第一款旨在为互联网广告的监管确定法律框架和基本原则。该条款规定,“利用互联网从事广告活动,适用本法的各项规定”。这意味着虽然新修订《广告法》中直接涉及互联网广告的条款不多,但《广告法》中各项规定都适用于互联网广告。换言之,互联网广告的运作也应遵循本法中的各项基本原则,如互联网广告的内容准则(如第九条、第十条规定的广告活动的基本准则,需在发布保健食品、药品、医疗、医疗器械、教育培训、招商投资、房地产、农作物种子等特殊商品或服务广告时遵循相关要求等)、广告活动主体的行为规范、法律责任等,这为互联网广告的经营与监管提供了法律基础。

《广告法》第四十四条第二款规定互联网广告不得影响用户正常使用网络,这主要针对弹窗广告这一形式。现今,用户在浏览网页时,总会遇到各种尺寸、内容的弹窗广告,有的弹窗广告的关闭标志难以找到;有的弹窗中设置了虚假关闭标志,如果点击就会跳转到广告播放页面;有的广告为了吸引用户的注意而含有大量"腥、色、性"等低俗内容,甚至还会含有病毒插件。这不仅会给用户的正常网络使用带来极大的干扰,还可能危及用户的互联网安全。因此,《广告法》第 44 条规定,在互联网页面以弹出等形式发布的广告应设置显著的关闭标志,并确保一键关闭。

《广告法》第四十五条规定:**公共场所的管理者或者电信业务经营者、互联网信息服务提供者对其明知或者应知的利用其场所或者信息传输、发布平台发送、发布违法广告的,应当予以制止。**

本条款明确了"第三方平台"的义务——为了进一步确保互联网广告信息的合法性,《广告法》要求互联网场所管理者(如网吧)、业务经营者(如电信运营商)、服务提供者(如网站)对利用其平台发送、发布违法广告的行为承担制止的义务。

但是,由于互联网广告形态很多,技术比较复杂,《广告法》囿于篇幅的限制,无法对其各方面都作出具体规定。于是,国家工商行政管理总局以新修订《广告法》的规定为依据,制定了行政规章《互联网广告监督管理暂行办法》(下称《办法》),并于 2015 年 7 月公开发布征求意见稿。该规章专门针对互联网广告有别于传统广告的特殊问题作出了许多具体规定,以此为各广告活动主体的行为规范和管理部门的监管提供操作性的指导。

比如,针对《广告法》第四十三条规定,《办法》第十三条明确了不能借助互联网、移动互联网发布垃圾广告的情形:"在电子邮箱、即时通讯工具等互联网私人空间发布广告的,应当在广告页面或者载体上为用户设置显著的同意、拒绝或者退订的功能选择。不得在被用户拒绝或者退订后再次发送电子邮件等广告。"而"通过移动互联网终端以电子邮件、即时通讯信息发送广告的,在用户同意或者拒绝接收广告的选项内,还应设置同意或者拒绝接收广告的时间选项,不得在用户设定的拒绝接收的时间发送广告。与用户另有约定的除外。"

又如,对于《广告法》第四十四条"互联网广告不得影响用户网络使用"的规定,《办法》第十四条除了保留"在互联网页面以弹出等形式发布的广告,应当显著标明关闭标志,确保一键关闭"这一原则性规定外,还结合实际加入了"同一设备24小时内登录网站一级域名及其子域名,应在第二次出现弹出形式广告时提供暂时屏蔽该网站所有弹出广告的选项"和"不得以伪装关闭等欺骗方式诱使用户点击广告内容"两个补充规定。

再如,关于《广告法》第四十五条的规定,《办法》进一步明确了互联网信息服务提供者的法律义务,其第十条规定互联网信息服务提供者"对于使用其互联网媒介资源的广告主、广告经营者、广告发布者,应当查验其营业执照以及与其商品或者服务相关的法律、行政法规规定的行政许可等经营资格证明文件,签订书面合同(含电子合同),并存档备查;对于在该互联网媒介资源直接显示的广告内容以及其他存储于本网站的广告信息,还应当履行本条前两款规定的互联网广告发布者的义务",而对已经发布的互联网广告,则"应当保存广告样件、合同和证明文件。保存时间应为自该广告最后一次发布之日起两年",同时在经营中"应当公布其从事互联网广告活动的收费标准和收费办法"。第十一条规定:互联网信息服务提供者对"明知或者应知广告主已自行修改并涉嫌违法违规的广告应当采取有效的技术措施,停止广告接入服务",而对"自行发现的、公众举报的、广告监管机关提示告诫的虚假违法广告,应及时核查、屏蔽或者停止广告接入服务"。

复习思考题

1. 什么是广告经营者?
2. 请学习《反不正当竞争法》并写出自己的感想。
3. 广告经营者、广告发布者的资质标准有哪些?
4. 广告证明分为哪两类?
5. 广告代言人应遵循哪些行为规范?
6. 如何避免广告对少年儿童的负面影响、加强对未成年人的保护?
7. 你如何理解对户外广告设置的规定?
8. 结合《广告法》及相关规定,你认为应该如何经营、发布互联网广告?

第四章 《广告法》监督管理解读

本章重点：广告发布前需要进行哪些审查。

本章难点：广告审查为什么要分为国家和地方两级？

第一节 广告监督管理解读(A)

新修订《广告法》在修订后，将原法第四章的标题“广告的审查”修改为“监督管理”，并在保留原有的广告审查相关内容外，重点明确了广告监督管理机关、广告审查机关和有关主管部门的职权、义务，以及各社会主体进行监督管理的权力。这表明我国对广告的监督管理已经由侧重广告发布的事前审查逐步向建设“齐抓共管、综合治理的广告管理机制”和“协同监管、社会共治的广告市场监管格局”①转移。

《广告法》第四十六条规定：**发布医疗、药品、医疗器械、农药、兽药和保健食品广告，以及法律、行政法规规定应当进行审查的其他广告，应当在发布前由有关部门(以下称广告审查机关)对广告内容进行审查；未经审查，不得发布。**

从本条开始至第四十九条，主要对广告的审查作出具体规定，这是行政部门对广告活动进行的事前监管。

本条款对特殊商品和服务的广告发布前审查作出了规定，要求药品、医疗器械、农药、兽药等特殊商品在发布广告前需经过相关机关的审查。这主要基于如下考虑：其一，这几类特殊商品或者服务专业性较强，工商行政管理部门判断广告内容是否违法存在一定困难；其二，这些商品或者服务对消费者的人身安全影响较大，在广告制作、发布中也较容易出现问题，且一旦相关违法广告发布出去，可能给消费者带来严重损害。因此，需要在发布前对上述商品或者服务广告的内容进行审查，以建立起防范机制，避免违法广告的出现。

---

① 《甘霖同志在贯彻实施新〈广告法〉培训班上的讲话(2015年5月18日)》，国家工商行政管理总局门户网站，http://www.saic.gov.cn/ggs/gzdt/201507/t20150715_158885.html。

在审查方面,有国务院相关部委一级的审查和各省、直辖市、自治区一级的审查两级审查。前者由国务院相关部委组成,比如卫生部、国家食品药品监督管理局、农业部;后者则指各省、直辖市、自治区卫生厅、食品药品监督管理局、农牧业厅等广告发布前的审查。

《广告法》第四十七条规定:**广告主申请广告审查,应当依照法律、行政法规向广告审查机关提交有关证明文件。**

广告审查机关应当依照法律、行政法规规定作出审查决定,并应当将审查批准文件抄送同级工商行政管理部门。广告审查机关应当及时向社会公布批准的广告。

本条款明确了特殊商品和服务的广告发布前审查的程序。

第一,由广告主向广告审查机关提出审查申请。广告主在发布特殊商品广告时不论采取何种发布形式,均要按照《广告法》第四十六条的规定,在发布前向广告审查机关提出审查申请。审查申请可以由广告主亲自提出,也可以由广告主授权代理其广告业务的广告公司或者媒介单位代其提出。

广告主提出审查申请时主要向广告审查机关提交两类材料:一是与申请审查的商品广告内容相关的证明文件,主要包括:企业法人营业执照;此外,药品广告应提交药品生产企业许可证、药品经营企业许可证、该项药品准备进行广告宣传中的相关数据的科学依据等;化妆品广告应提交化妆品生产企业卫生许可证、该项化妆品准备进行的广告宣传内容中的相关数据的科学依据;食品广告应提交相关产品的批准证书、关于广告内容真实性的证明文件;兽药广告应提交兽药生产许可证、兽药经营许可证;农药广告应提交农药登记证等相关证明。二是广告作品,即可以表明广告画面、广告语内容、文字介绍、产品或人物形象等的文件,如影视广告的母带、光盘、镜头脚本,广播广告的录音带、广告文稿,平面广告的作品大样或效果图等。

第二,广告审查机关对广告主所提供的广告作品进行审查,核查其广告内容有无违法现象,并以广告诉求中的虚假、违法内容以及容易误导消费者、容易诱导儿童的画面、广告语、广告形象等为重点审查内容。

由于需进行发布前审查的几类广告特点不同,审查重点也各有侧重,因此在审查时,广告审查机关除了以《广告法》为依据外,还会参考其他相关法规(如《药品广告审查标准》《医疗器械广告审查标准》《农药广告审查标准》《兽药广告审查标准》)中的具体规定内容。需注意的是,按照新修订《广告法》的要求,国家工商行政管理总局同时启动了《医疗广告管理办法》《医疗器械广告审查办法》《医疗器械广告审查发布标准》《药品广告审查发布标准》《药品广告审查办法》《农药广告审查标准》《农药广告审查办法》《兽药广告审查办法》《兽药广告审查标准》《广告经营许可证管理办法》十个配套规章的修改和清理废止工作，这对广告审查提出了诸多新的要求。

第三，广告审查机关作出审查决定。广告审查机关在对广告主提请审查的广告进行审查后，必须在规定期限内作出准许、不准许或修改后方可刊播的审查决定。同时，此次《广告法》修订后新增了两项规定：其一，广告审查机关应将审查批准文件抄送同级工商行政管理部门，以方便工商行政管理部门掌握情况，为其广告执法工作提供便利；其二，出于提高广告审查机关审批行为公开透明程度、强化社会各界对广告审查机关和广告经营者的监督等考虑，广告审查机关还应通过政府网站等渠道及时向社会公布批准的广告。

《广告法》第四十八条规定：**任何单位或者个人不得伪造、变造或者转让广告审查批准文件。**

本条款是为了维护广告审查批准文件的权威性而作出的规定，明确了禁止伪造、变造、转让等行为。广告审查批准文件是“广告审查机关出具的公文，国家行政机关发出的所有公文均具有法律赋予的权威性，任何损害国家行政机关公文的权威性的行为，都是对国家行政管理秩序和社会秩序的破坏。广告审查决定文件是由国家行政机关出具的证明某一特殊商品广告内容依据法律、行政法规的规定经过审查，准许或者不准许广告主发布广告的文书，是认定被审查广告内容的凭证，具有至高的法律效力。所以，持有广告审查决定文件的单位或个人都有义务对社会和消费者负责，按照审查决定文件的内容去制作、发布广告，并且要保证广告的合法性、真实性。而任何伪造、变造或者转让广告审查决定文件的行为都是违法的。”①

《广告法》中的上述条款特别对涉及老百姓身体健康和生命安全的特殊商品广告规定了发布前必须经过广告审查机关审查的法定程序，目的就是要对那些购买该产品后假如被侵权的民事法律行为作出保护消费者一方的有利认定。因此，经过审查后由行政执法机关做出的决定文件自然具有强制性效力，一旦出现侵权行为，必须由广告主体各方承担相应的民事责任，情节严重的同时应当追究其刑事责任。

《广告法》第四十九条规定：**工商行政管理部门履行广告监督管理职责，可以**

---

① 褚霓霓编著：《广告法实例说》，湖南人民出版社2000年版，第196页。

行使下列职权:

(一)对涉嫌从事违法广告活动的场所实施现场检查;

(二)询问涉嫌违法当事人或者其法定代表人、主要负责人和其他有关人员,对有关单位或者个人进行调查;

(三)要求涉嫌违法当事人限期提供有关证明文件;

(四)查阅、复制与涉嫌违法广告有关的合同、票据、账簿、广告作品和其他有关资料;

(五)查封、扣押与涉嫌违法广告直接相关的广告物品、经营工具、设备等财物;

(六)责令暂停发布可能造成严重后果的涉嫌违法广告;

(七)法律、行政法规规定的其他职权。

工商行政管理部门应当建立健全广告监测制度,完善监测措施,及时发现和依法查处违法广告行为。

从本条至第五十四条为本次《广告法》修订的新增条款,旨在明确参与广告监管活动的其他主体及其职责,为建立健全我国广告监督管理机制提供法律层面的保障。本条规定了作为广告的法定主管部门——工商行政管理部门,在履行广告监督管理职责中可以行使的职权和行政强制措施,以解决其在执法实践中缺乏手段、执法无力的问题。

根据《广告法》第六条规定,国务院工商行政管理部门负责全国的广告监督管理工作,县级以上地方工商行政管理部门主管本行政区域的广告监督管理工作。具体而言,依据《工商行政管理机关行政处罚程序规定》第八条的规定:“对利用广播、电影、电视、报纸、期刊、互联网等媒介发布违法广告的行为实施行政处罚,由广告发布者所在地工商行政管理机关管辖。广告发布者所在地工商行政管理机关管辖异地广告主、广告经营者有困难的,可以将广告主、广告经营者的违法情况移交广告主、广告经营者所在地工商行政管理机关处理。”

在具体的履职过程中,各级工商行政管理部门可行使如下职权:

第一,现场检查权,即对涉嫌从事违法广告活动的场所实施现场检查。为了查明事实、掌握证据,为依法开展相关行政处理工作做好准备,工商行政管理部门可以派工作人员进入涉嫌从事违法广告活动的场所实施现场检查。由于违法广告活动可能发生在广告活动的设计、制作、代理、发布等各个环节,因而工商行政管理部门可以检查的场所既包括商品生产或服务提供场所,也包括广告经营、发布场所,在具体实施上,可有定期检查、日常检查、专项检查等方式。

第二，询问调查权，指工商行政管理部门在查明事实、掌握证据的基础上，对涉嫌违法的广告活动进行查处时，有权询问涉嫌违法当事人或者其法定代表人、主要负责人和其他有关人员，对有关单位或者个人进行调查，以确定其行为是否构成违法行为、对其进行裁量处罚。同时，《工商行政管理机关行政处罚程序规定》对工商行政管理部门的行为规范作出了规定。如第二十条规定：办案人员"首次向案件当事人收集、调取证据的，应当告知其有申请办案人员回避的权利；向有关单位和个人收集、调取证据时，应当告知其有如实提供证据的义务"。第二十四条则要求，办案人员在询问当事人及证明人时，"询问应当个别进行。询问应当制作笔录，询问笔录应当交被询问人核对；对阅读有困难的，应当向其宣读。笔录如有差错、遗漏，应当允许其更正或者补充。涂改部分应当由被询问人签名、盖章或者以其他方式确认。经核对无误后，由被询问人在笔录上逐页签名、盖章或者以其他方式确认。办案人员亦应当在笔录上签名"。

第三，要求限期提供证明文件的权力，即工商行政管理部门为了查明情况，有权要求涉嫌违法当事人在一定限期内提供有关证明文件，如营业执照、其他相关证明文件等，以便确认当事人的行为是否违法；而涉嫌违法的当事人也应当在工商行政管理部门要求的期限内提供。

第四，查阅复制权，即出于掌握当事人是否实施了违法广告活动，以及判断其行为性质、情节轻重、后果如何等的考虑，工商行政管理部门可以查阅、调取与涉嫌违法广告相关的证据、资料（包括合同、票据、账簿、广告作品和其他有关资料等），为依法作出行政处罚决定等提供依据；在调取原始证据有困难时，工商行政管理部门可以提取复制件、影印件或者抄录本；同时，为了保存证据，工商行政管理部门有权将查阅、调取的证据进行复制。

第五，查封、扣押权，指在处置与涉嫌违法广告直接相关的广告物品、经营工具、设备等财物时，工商行政管理部门可以采取如下两类措施：其一，查封，这是行政机关限制当事人对其财产的使用和处分的强制措施，一般采用张贴封条等措施就地封存，并要求未经许可不得启封、转移或者动用；其二，扣押，这是行政机关结束当事人对其财物的占有并限制其处分的强制措施，一般采取移至他处予以扣留封存的措施。值得注意的是，查封、扣押措施对当事人影响较大，因而工商行政管理部门应慎重采取这一措施，应按照《广告法》与《中华人民共和国行政强制法》相关规定，查封、扣押与涉嫌违法广告"直接相关"的财物，不得查封、扣押与违法行为无关的场所、设施、财物，或者公民个人及其所扶养家属的生活必需品。同时，在采取查封、扣押措施后，应当及时查明事实，在法定期限内作出处理决定。《中华人民共和国行政强制法》第二十五条规定,“查封、扣押的期限不得超过三十日;情况复杂的,经行政机关负责人批准,可以延长,但延长期限不得超过三十日。”

第六,责令暂停发布权。这是广告监管主体对广告发布事后的必要保障,考虑到发布在各类媒体上的广告信息具有传播面广、传播速度快等特点,一旦广告存在虚假、违法内容,一经发布便有可能造成严重后果。为了制止违法行为、防止广告带来的负面影响进一步扩大或恶性发展,本条款赋予工商行政管理部门以责令暂停发布涉嫌违法广告的权力。责令暂停发布后,如果经核实涉嫌违法的广告并不存在虚假、违法情形,则工商行政管理部门应恢复该广告的发布。

第七,法律、行政法规规定的其他职权。由于广告监管是一项关涉多个方面的复杂的工作,本条款也同时规定除了上述六项职权外,工商行政管理部门还可以享有相关法律、行政法规规定的其他职权。

此外,在赋予工商行政管理部门行使职权的同时,《广告法》第四十九条第二款新增了工商行政部门应履行广告监管职责的规定,即要求工商行政管理部门建立健全监测制度,完善监测措施,及时发现和依法查处违法广告行为。依据国家工商行政管理总局 2015 年 11 月的部署,我国广告监测监管工作的完善未来将从如下几个方面入手:其一,加强大数据运用,依托国家广告数据中心,全面建立大数据管理下的广告市场监管体系,并逐步完善广告监测管理制度,拓展监测范围,加大监测密度,加强监测通报工作。2015 年 4 月 28 日,国家广告数据中心已正式启用,该数据中心是基于大数据理念建成的集广告监管、广告信用、广告业发展、广告信息交流四大平台于一体的系统,至 2015 年 11 月,其已基本实现了对 31 个省(区、市)332 个市的 3600 余家媒体发布的广告进行全类别、全覆盖的监测,计划 3 年后监测范围将进一步扩展到全国的 2800 多个县。其二,注重研究和把握互联网广告监管规律,加强互联网技术运用,加快推进互联网广告监测中心的建设,以网管网,尽快实现对互联网广告的全方位监测,构建网络媒体与传统媒体齐头并进的大监测、大监管格局。其三,探索实施广告信用评价制度,充分运用信用监管手段,依法将广告主、广告经营者、广告发布者、广告代言人的违法行为记入信用档案并予以公示,让违法者一处违法、处处受限,以营造诚实守信的广告市场环境。①

---

① 《工商总局召开新〈广告法〉实施以来全国广告监管工作情况新闻通报会》,国家工商总局门户网站,http://www.saic.gov.cn/ywdt/xwfb/201511/t20151117_164069.html。

第二节 广告监督管理解读(B)

《广告法》第五十条规定:**国务院工商行政管理部门会同国务院有关部门,制定大众传播媒介广告发布行为规范。**

本条款是关于授权制定利用大众传播媒介发布广告行为规范的规定。

广播、电影、电视、报纸、期刊、移动通信网络、互联网等大众传播媒介作为广告发布传播媒介,其从广告发布环节对广告活动进行自我审查和把关,它们既是广告监管机制的重要组成部分,也是避免虚假广告、违法广告的有效手段。因而,制定利用大众传播媒介发布广告的行为规范,对这些媒介的广告发布行为进行引导,是极为必要的。但由于不同形式的大众传播媒介在传播特点、传播形式、技术应用、目标受众,以及所属主管部门等方面存在差异,各自所发布的广告形态、发布行为规范也有所不同,且还会随着社会经济、技术的发展而不断变化,仅凭一部《广告法》难以对此作出详尽的规定。因此,《广告法》第五十条授予国家工商行政管理部门以会同各大众传播媒介的主管部门(如国家新闻出版广电总局、工业和信息化部、国务院新闻办公室等),针对各传播媒介的特点制定广告发布行为规范的权力,以此加强对各类广告发布者的行为指导。如 2012 年,国家工商行政管理总局与中共中央宣传部、国务院新闻办公室、国家广播电影电视总局(现国家新闻出版广电总局)、工业和信息化部、卫生部、公安部等部门,联合制定《大众传播媒介广告发布审查规定》的举措就是一次有益的尝试。

《广告法》第五十一条规定:**工商行政管理部门依照本法规定行使职权,当事人应当协助、配合,不得拒绝、阻挠。**

本条款规定了当事人对工商行政管理部门行使职权的配合义务。工商行政管理部门依法行使职权是受法律保护的,有关当事人应当予以协助、配合,包括配合工商行政管理部门现场检查有关场所、接受询问调查、按期提交有关证明文件、协助工商行政管理部门查阅与复制有关资料等,并不得拒绝,更不能以暴力、威胁或者其他手段阻挠工商行政管理部门依法行使职权。

同时,国家工商行政管理总局于 1995 年 12 月发布、1996 年 12 月修订的《工商行政管理暂行规定》对此也有所补充。第四十四条规定:"对拒绝、阻碍工商行政管理机关工作人员依法执行公务的,移送公安机关处罚;情节严重,构成犯罪的,由司法机关追究刑事责任。"第四十七条则明确规定:"若公民、法人或者其他组织对工商行政管理机关作出的具体行政行为不服的,可以依法向上一级工商行政管理机关或者本级人民政府申请复议;除法律、法规规定复议前置的外,也可以直接向人民法院起诉。除法律规定复议终局的外,复议申请人对复议决定不服的,可以依法向人民法院起诉。"

《广告法》第五十二条规定:**工商行政管理部门和有关部门及其工作人员对其在广告监督管理活动中知悉的商业秘密负有保密义务。**

本条款规定了相关管理部门及其工作人员在广告监管工作中的保密义务。根据我国相关法律规定,商业秘密是指不为公众所知悉、能为权利人带来经济利益、具有实用性并经权利人采取保密措施的技术信息和经营信息。[①] 工商行政管理部门和有关部门及其工作人员在具体的广告监督管理活动中,有可能会查阅、了解、知悉被监管对象或其他主体的商业秘密,如专利信息、客户情况、营销计划、广告创意等,这些信息一旦泄露将会给相关主体的生产、经营活动带来不利影响,造成经济损失。因此,《广告法》新增了关于保密义务的规定。

《广告法》第五十三条规定:**任何单位或者个人有权向工商行政管理部门和有关部门投诉、举报违反本法的行为。工商行政管理部门和有关部门应当向社会公开受理投诉、举报的电话、信箱或者电子邮件地址,接到投诉、举报的部门应当自收到投诉之日起七个工作日内,予以处理并告知投诉、举报人。**

工商行政管理部门和有关部门不依法履行职责的,任何单位或者个人有权向其上级机关或者监察机关举报。接到举报的机关应当依法作出处理,并将处理结果及时告知举报人。

有关部门应当为投诉、举报人保密。

为了加强社会监督,修订后的《广告法》新增了第五十三条、第五十四条规定。所谓社会监督,是指消费者依照国家广告管理的法律法规,自行或通过某些社会组织、社会团体、舆论机关、各种群众自治组织对广告活动的各个方面进行监督。在当前的信息化时代,依托于各类媒体所发布的广告具有数量众多、种类繁杂、变化迅速等特点,而相关行政管理部门囿于人员、资源、精力等方面的限制无法对其进行全面覆盖。因此,如果发动数量庞大、分布广泛的消费者群体以及相关的社会组织等社会力量对广告开展监督,则可形成有益的补充,有助于进一步制止或限制虚假、违法广告的出现。

其中,针对消费者在对广告实施监督的过程中常会因面临监督成本高(包括诉讼费、交通费、住宿费等金钱成本,以及时间成本和精神损耗)、法律救济渠道不

---

① 《中华人民共和国反不正当竞争法》,1993 年 9 月 2 日中华人民共和国主席令第十号公布。

畅通等问题而无奈放弃监督行为的情况,《广告法》第五十三条明确了关于投诉和举报违法行为的相关规定,为消费者进行社会监督提供便利,发挥其监督力量。具体包括如下几方面:

第一,赋予了消费者投诉、举报违法广告的权力,并明确了相关途径和程序。一方面,在面对违法广告时,任何单位和个人均有权向工商行政管理部门和有关部门投诉、举报。另一方面,工商行政管理部门和有关部门应向社会公众公开受理投诉、举报的渠道,这既包括传统的电话、信箱等渠道,也包含依托于新媒体平台的短信、电子邮件、网络投诉平台等,以方便社会主体的投诉、举报。同时,在接到投诉、举报之后,相关部门应自收到投诉之日起七个工作日内予以处理并告知投诉、举报人。由于消费者所投诉行为情况不一,本条款所规定的"处理"会有多种方式:若投诉、举报的问题较为简单、事实清楚,受理部门应当按照有关规定及时调查核实,予以解决;若问题较为复杂,不能立即解决,受理部门可以先受理立案;若投诉的问题不符合规定,可以不予受理[①]。无论采取何种方式,相关部门均应在规定的期限内告知投诉人处理情况。国家工商行政管理总局2014年2月14日颁布的《工商行政管理部门处理消费者投诉办法》对举报的处理方式亦有补充规定。其中,第十五条要求有管辖权的工商行政管理部门应当自收到消费者投诉之日起七个工作日内,予以处理并告知投诉人,这包括对"符合规定的投诉予以受理,并告知投诉人",以及对"不符合规定的投诉不予受理,并告知投诉人不予受理的理由"。第十六条则明确了不予受理或者终止受理的投诉类型,包括"不属于工商行政管理部门职责范围的;购买后商品超过保质期,被投诉人已不再负有违约责任的;已经工商行政管理部门组织调解的;消费者协会或者人民调解组织等其他组织已经调解或者正在处理的;法院、仲裁机构或者其他行政部门已经受理或者处理的;消费者知道或者应该知道自己的权益受到侵害超过一年的,或者消费者无法证实自己权益受到侵害的;不符合国家法律、法规及规章规定的"八种类型。

第二,为了避免工商行政管理部门和有关部门在对违法广告行政执法中可能存在的不作为、滥用职权、玩忽职守、越权执法等问题,《广告法》进一步规范了广告活动的普适性原则。《广告法》第五十三条第二款强调了广告监管部门依法履职的责任,并要求其接受来自社会的监督和问责——当有关监管部门出现不依法履行职责的问题时,任何单位和个人均有权向上级机关或者监察机关举报;接到

---

① 《〈中华人民共和国广告法〉释义(部分摘要)》,四川省乐山市五通桥区政府网站,http://www.wtq.gov.cn/html/xwpd/fc/28176646.html。

举报的机关应对所举报的问题依法作出处理,并将结果及时告知举报人。

在对该条款的落实中,各地工商行政管理机关也可以结合自身情况,出台具体的管理流程和办法。如四川省成都市工商局制定了《关于贯彻实施新〈广告法〉的意见》(下称《意见》),其中对工商(市场监管)部门接受投诉、举报的流程和工作时限等进行了严格规定。在对举报信息的处理方面,《意见》要求对存在涉嫌违法行为的,在两个工作日内交办案机构依法查处,并在法律规定时限内告知投诉、举报人,结案后依法对处罚信息予以公示;对不存在违法行为或不属于工商(市场监管)部门管辖的,将直接告知投诉、举报人并说明理由。此外,《意见》还对信息的公开、通报机制作出了规定,即各级工商(市场监管)部门除按照有关规定依法公开相关信息、发布违法广告公告外,还要将违法主体的违法信息依法录入有关信用公示系统,强化信用监管和社会共治;同时,各级工商(市场监管)部门在涉及广播电台、电视台、报刊音像出版单位的违法案件办结后,还应向新闻出版广电部门以及其他有关部门通报查处情况。①

此外,为了保护投诉人、举报人,鼓励社会监督,《广告法》第五十三条第三款规定了有关部门的保密义务,即无论是对违法广告行为的投诉、举报,还是对有关管理部门不依法履职的监督,工商行政管理部门、监察机关等相关部门均应对举报内容、举报人的有关信息和情况进行保密。

《广告法》第五十四条规定:**消费者协会和其他消费者组织对违反本法规定,发布虚假广告侵害消费者合法权益,以及其他损害社会公共利益的行为,依法进行社会监督。**

本条款是关于广告社会监督组织对违法广告活动展开监督的规定。我国的广告社会监督组织主要指中国消费者协会、各地设立的消费者协会以及其他消费者组织,它们是经政府相关部门批准、依法成立,以对商品和服务进行监督、保护消费者合法权益为宗旨的社会组织。在对广告的监管活动中,它们主要负责受理并调解、处理消费者对虚假、违法广告的投诉,并向新闻媒体通报;对于情节严重的,这些组织也会支持利益受到损害的消费者向广告行政监管机关和司法机关提起诉讼。因此,这些广告社会监督组织上接新闻媒体、监管机关,下连消费者,扮演着重要的中枢传导的角色。本条款亦通过强调它们的监督职责来强化其对广告活动的监督力度。

---

① 颜伟:《成都出台〈关于贯彻实施新《广告法》的意见〉》,《中国工商报》,2015 年 9 月 1 日第 8 版。

复习思考题

1. 什么是行政性审查？

2. 广告审查的范围是什么？审查内容有哪些？

3. 你如何评价广告审查机关和广告监督管理机关之间的关系？

4. 请谈谈你对我国广告监督管理机制的理解。

第五章 《广告法》法律责任解读

本章重点:广告活动主体如果成为广告违法主体,对各方间是否推诿责任的界定。

本章难点:掌握《广告法》中对从事各种违法广告活动所应承担的法律责任的具体规定。

第一节 广告法律责任解读(A)

《广告法》第五章第五十五条到第七十三条所规定的法律责任均涉及各种违法广告行为以及与之有关的其他违法行为所应承担的法律责任。其中,广告违法行为是指违反我国广告管理法规从事违法广告活动所造成的危害社会的行为,而广告管理法规不仅指专门约束广告活动的法律、法规和规章,还包括其他相关法律、法规中所涉及的广告管理方面的规定;法律责任则是行为人对其所实施的违法行为和由此所造成的危害及其应当承担的相应法律后果。

广告违法行为主要是由广告主、广告经营者和广告发布者三方共同造成的。其中责任最大的往往是广告主。因为广告主是广告活动中的首要主体。只有其产品或者商业服务需要做广告进行宣传时,才会有随后的广告活动。所以说,经常就是因为广告主为了盈利拼命用各种手段来打造自己产品的不实形象,才会有相应的虚假、违法宣传,也才会有广告经营者为其进行夸大或不实的策划与创意制作,也才会随之有广告发布者为这一不实广告作品予以刊播,从而给消费者造成很大的身心伤害,给社会造成一定的危害。所以说,广告主应是一则虚假、违法广告中的第一主体。

但是,只有广告主的故意违法意念并不能促成一则虚假、违法广告的面世。因为广告主的意念就是再违法,也只是一个想法或者意念而已,必须要有广告经营者也就是广告公司为其制作成具体的广告作品,这一违法广告宣传才有可能变成现实,所以说,广告公司毫无疑问地成为虚假、违法广告活动中的第二主体。

但只有上述两个违法主体仍然不能构成整则违法广告的全部要件。因为一则虚假、违法广告的最终实现还得靠媒介这一传播载体的作用力才能到达消费者，广告才能被宣传出去。所以说，媒介这一广告发布的载体单位也负有不可推卸的法律责任。

综上所述，只有三个主体的共同参与，才可能有虚假违法广告活动的实现。因此，在认定一则虚假、违法广告的时候，应同时追究上述三方的共同责任，这其中，广告主因为是第一主体，所以要负最主要责任。

广告活动主体成为广告违法主体时，各有各的责任，相互间是不容推诿的。广告是否真实、合法并且符合社会主义精神文明建设，关键在于这三者之间对于法律的认识与自觉执行的程度如何。

与此同时，还应意识到广告代言人向消费者推荐商品或服务的责任。有一些假冒伪劣商品和服务经营者常投消费者所好，聘用具有相当权威性的社会团体或知名度较高的明星、名人进行所谓的推荐活动，诱导消费者，使消费者上当受骗，使其合法权益受到损害。为了更好地保护消费者的利益，制止这种违法现象的蔓延，《广告法》规定广告代言人在虚假广告中推荐商品或者服务，使消费者的合法权益受到损害时，应承担连带责任。

值得关注的是，相较于 1995 年实施的原《广告法》，新修订《广告法》在法律责任部分着重做出了如下修订：其一，加大了罚款处罚的力度，以进一步提升法律震慑力，规范广告活动主体的行为，同时根据实际执法的需要，增设了按比例处罚和定额处罚相结合的罚款机制；其二，突出多项行政处罚措施的共同惩治，即在行政罚款、责令停止发布广告和消除影响等之外，增加了吊销营业执照、广告发布登记证件、广告审查批准文件，吊销医疗机构的诊疗科目或者医疗机构执业许可证，以及信用惩戒、认知限制等惩处措施，并按行为性质和情节轻重设定行政处罚种类和幅度；其三，明确了新闻出版广电部门的管理责任，以加强对大众传播媒介的规范力度；其四，加大了对工商部门的行政问责力度；其五，完善了行政、民事、刑事责任的衔接。[①]

本章将对《广告法》第五章各条款逐一进行解读。

《广告法》第五十五条规定：**违反本法规定，发布虚假广告的，由工商行政管理部门责令停止发布广告，责令广告主在相应范围内消除影响，处广告费用三倍以**

---

① 参见张茅：《认真贯彻实施新〈广告法〉 当好公平市场秩序的“守护神”——在全国工商行政管理系统贯彻实施新〈广告法〉电视电话会议上的讲话（2015 年 4 月 28 日）》，《中国工商报》，2015 年 5 月 5 日第 2 版；史新章：《完善法律内容 规范市场发展——〈广告法〉修订热点探析（下）》，《中国工商报》，2014 年 8 月 27 日第 4 版。

上五倍以下的罚款,广告费用无法计算或者明显偏低的,处二十万元以上一百万元以下的罚款;两年内有三次以上违法行为或者有其他严重情节的,处广告费用五倍以上十倍以下的罚款,广告费用无法计算或者明显偏低的,处一百万元以上二百万元以下的罚款,可以吊销营业执照,并由广告审查机关撤销广告审查批准文件,一年内不受理其广告审查申请。

医疗机构有前款规定违法行为,情节严重的,除由工商行政管理部门依照本法处罚外,卫生行政部门可以吊销诊疗科目或者吊销医疗机构执业许可证。

广告经营者、广告发布者明知或者应知广告虚假仍设计、制作、代理、发布的,由工商行政管理部门没收广告费用,并处广告费用三倍以上五倍以下的罚款,广告费用无法计算或者明显偏低的,处二十万元以上一百万元以下的罚款;两年内有三次以上违法行为或者有其他严重情节的,处广告费用五倍以上十倍以下的罚款,广告费用无法计算或者明显偏低的,处一百万元以上二百万元以下的罚款,并可以由有关部门暂停广告发布业务、吊销营业执照、吊销广告发布登记证件。

广告主、广告经营者、广告发布者有本条第一款、第三款规定行为,构成犯罪的,依法追究刑事责任。

本条款是关于虚假广告的行政、刑事责任。虚假广告不仅阻碍了广告业的健康发展,同时还严重损害了消费者的合法权益,危及了人民群众的身体健康与生命安全,更在社会上造成了极坏的影响。发布虚假广告就必须承担法律责任,本条款就对广告主、广告经营者、广告发布者规定了责令停止发布广告、公开更正、没收广告费用、罚款、停止广告业务等处罚内容。根据近些年对违法广告案例的处罚实践来看,许多广告在查出其有违法现象时,广告主已经获取了相当的利润且逃得不见了踪影。在这种情形下,就要首先对媒介方采取措施,要立即责令媒介停止继续发布该广告,这样就可以及时、有效地防止违法、虚假广告继续在社会上误导、欺骗广大群众。

同时,相较于原《广告法》对从事虚假广告活动的各类主体均处以广告费用的一倍以上五倍以下的罚款的规定①,《广告法》在修订以后,一方面提高了罚款的金额以加大处罚力度,另一方面根据实际执法中遇到的问题,制定了具体的处罚规定:

第一,针对在实际执法中遇到的囿于种种原因而广告费用难以查实的实际情况,在罚款数额确定上设计了比例罚款和定额罚款相结合的机制,即对于可以确

---

① 原《广告法》第三十七条规定:“违反本法规定,利用广告对商品或者服务作虚假宣传的,由广告监督管理机关责令广告主停止发布,并以等额广告费在相应范围内公开更正、消除影响,并处广告费用一倍以上五倍以下的罚款;情节严重的,依法停止广告业务;构成犯罪的,依法追究刑事责任。”

定广告费用的，按广告费用的倍数进行处罚，并将原先的一倍以上五倍以下的罚款比例提升为三倍以上五倍以下，情节严重的则处以五倍以上十倍以下罚款；对于广告费用无法计算或者明显偏低的，则处以二十万元以上一百万元以下罚款；情节严重的最高可处以二百万元以下罚款。

第二，区分行为性质和情节轻重设定行政处罚种类和幅度。为了提高对违法行为的威慑力度，本条款规定针对“两年内有三次以上违法行为或者有其他严重情节的”虚假宣传行为，设定了较重的法律责任，既提升了罚款比例和额度，也增加了其他行政处罚措施。而在落实该项规定的过程中，各地工商行政管理机关也可以结合《广告法》的相关规定，制定适应其执法实际的、细化的、量化的行政处罚裁量基准。典型的如山东省青岛市工商局于 2015 年 9 月 1 日出台了《〈广告法〉行政处罚裁量标准》，将违法行为分为轻微、一般、较重、严重、特别严重五种情形，并规定了不同违法情形对应的处罚力度。

第三，增设了行政处罚的种类。在行政罚款、责令停止发布广告和消除影响等手段之外，对于情节严重的虚假广告，本条款还增加了吊销营业执照、吊销广告发布登记证件，广告审查机关撤销广告审查批准文件、不受理广告审查申请，以及卫生部门可以吊销医疗机构的诊疗科目或者医疗机构执业许可证等其他行政处罚措施。同时，《广告发布登记管理规定（征求意见稿）》还要求，对于发布严重违法广告突出的发布单位，工商行政管理机关还应对其是否按照合法程序取得了广告发布资格，是否按照发布登记的事项从事广告发布活动、执行广告审查员管理制度和广告专业技术岗位资格培训制度情况，是否按照规定报送《广告业统计报表》，以及广告业务承接登记、审核、档案、合同等基本管理制度的建立和执行情况等进行抽查。

此外，本条款还规定，广告主、广告经营者、广告发布者的虚假广告发布行为构成犯罪的，将依法追究其刑事责任。依据 2010 年 5 月施行的《最高人民检察院、公安部关于公安机关管辖的刑事案件立案追诉标准的规定（二）》，有如下情形的虚假广告将被立案追诉：“（一）违法所得数额在十万元以上的；（二）给单个消费者造成直接经济损失数额在五万元以上的，或者给多个消费者造成直接经济损失数额累计在二十万元以上的；（三）假借预防、控制突发事件的名义，利用广告作虚假宣传，致使多人上当受骗，违法所得数额在三万元以上的；（四）虽未达到上述数额标准，但两年内因利用广告作虚假宣传，受过行政处罚二次以上，又利用广告作虚假宣传的；（五）造成人身伤残的；（六）其他情节严重的情形。”

《广告法》第五十六条规定：**违反本法规定，发布虚假广告，欺骗、误导消费者，使购买商品或者接受服务的消费者的合法权益受到损害的，由广告主依法承担民**

事责任。广告经营者、广告发布者不能提供广告主的真实名称、地址和有效联系方式的,消费者可以要求广告经营者、广告发布者先行赔偿。

关系消费者生命健康的商品或者服务的虚假广告,造成消费者损害的,其广告经营者、广告发布者、广告代言人应当与广告主承担连带责任。

前款规定以外的商品或者服务的虚假广告,造成消费者损害的,其广告经营者、广告发布者、广告代言人,明知或者应知广告虚假仍设计、制作、代理、发布或者作推荐、证明的,应当与广告主承担连带责任。

本条是关于虚假广告造成民事侵权时所应承担的民事责任方面的规定。

首先,本条款明确了广告主是虚假广告的首要责任人,当其发布虚假广告、造成消费者合法权益受到损害时,应依法承担民事责任。

其次,在广告经营者、广告发布者两个传统的广告活动主体之外,本条款增加了广告代言人的法律责任,以强化对代言活动的规范。具体而言,广告经营者、广告发布者、广告代言人有如下情形,将承担民事责任:其一,出于保障消费者权益的考虑,《广告法》要求对于“关系消费者生命健康的商品或者服务”(如医疗、药品、医疗器械、保健食品等)并损害了消费者权益的虚假广告,各广告活动主体一律与广告主承担连带责任;其二,对于其他商品或服务的虚假广告,在“明知或者应知”广告虚假仍为其设计、制作、代理、发布或者代言时,也应与广告主承担连带责任。这里需注意的是“明知或者应知”这项规定,这里的“明知”,谁也能清楚地理解就是指“明明知道”,但是不少违法广告的发布者常常找出的一个借口就是“事先不知道”,所以才发布了这条广告。作为广告活动主体,其应该掌握所有相关的法律知识与条款规定,有“应知”的义务,绝对不允许用“不知道”作为发布虚假、违法广告的理由,本条款特意明确了这一点。

同时,为了进一步保障消费者的权益,鼓励消费者行使社会监督的权利,本条款还新增了“广告经营者、广告发布者不能提供广告主的真实名称、地址和有效联系方式的,消费者可以要求广告经营者、广告发布者先行赔偿”的规定。

上述规定在其他相关法律法规中也有补充,如 2015 年 4 月 24 日修订通过、2015 年 10 月 1 日起施行的《中华人民共和国食品安全法》第七十三条对食品广告的要求:“食品广告的内容应当真实合法,不得含有虚假内容,不得涉及疾病预防、治疗功能。食品生产经营者对食品广告内容的真实性、合法性负责。县级以上人民政府食品药品监督管理部门和其他有关部门以及食品检验机构、食品行业协会不得以广告或者其他形式向消费者推荐食品。消费者组织不得以收取费用或者其他牟取利益的方式向消费者推荐食品。”第一百四十条则对各主体的法律责任作出了规定:“违反本法规定,在广告中对食品作虚假宣传,欺骗消费者,或者发布未取得批准文件、广告内容与批准文件不一致的保健食品广告的,依照《中华人民共和国广告法》的规定给予处罚。广告经营者、发布者设计、制作、发布虚假食品广告,使消费者的合法权益受到损害的,应当与食品生产经营者承担连带责任。社会团体或者其他组织、个人在虚假广告或者其他虚假宣传中向消费者推荐食品,使消费者的合法权益受到损害的,应当与食品生产经营者承担连带责任。”此外,当食品药品监督管理等部门、食品检验机构、食品行业协会等相关部门出现“以广告或者其他形式向消费者推荐食品,消费者组织以收取费用或者其他牟取利益的方式向消费者推荐食品”等违法行为时,可“由有关主管部门没收违法所得,依法对直接负责的主管人员和其他直接责任人员给予记大过、降级或者撤职处分;情节严重的,给予开除处分”。并且,“对食品作虚假宣传且情节严重的,由省级以上人民政府食品药品监督管理部门决定暂停销售该食品,并向社会公布;仍然销售该食品的,由县级以上人民政府食品药品监督管理部门没收违法所得和违法销售的食品,并处二万元以上五万元以下罚款”。

《广告法》第五十七条规定:**有下列行为之一的,由工商行政管理部门责令停止发布广告,对广告主处二十万元以上一百万元以下的罚款,情节严重的,并可以吊销营业执照,由广告审查机关撤销广告审查批准文件,一年内不受理其广告审查申请;对广告经营者、广告发布者,由工商行政管理部门没收广告费用,处二十万元以上一百万元以下的罚款,情节严重的,并可以吊销营业执照、吊销广告发布登记证件:**

(一)发布有本法第九条、第十条规定的禁止情形的广告的;

(二)违反本法第十五条规定发布处方药广告、药品类易制毒化学品广告、戒毒治疗的医疗器械和治疗方法广告的;

(三)违反本法第二十条规定,发布声称全部或者部分替代母乳的婴儿乳制品、饮料和其他食品广告的;

(四)违反本法第二十二条规定发布烟草广告的;

(五)违反本法第三十七条规定,利用广告推销禁止生产、销售的产品或者提供的服务,或者禁止发布广告的商品或者服务的;

(六)违反本法第四十条第一款规定,在针对未成年人的大众传播媒介上发布医疗、药品、保健食品、医疗器械、化妆品、酒类、美容广告,以及不利于未成年人身心健康的网络游戏广告的。

本条款规定的是违反广告基本准则或者发布本法禁止发布的广告的责任。其中,《广告法》第九条规定的广告不得出现的“使用或者变相使用中华人民共和国的国旗、国歌、国徽,军旗、军歌、军徽”等十一类违法情形,第十条规定的广告不得“损害未成年人和残疾人的身心健康”,是广告活动应遵循的最基本准则,从事任何一项广告活动时都必须遵守该准则,不得与之相抵触。除此之外,《广告法》也在相关条款中对药品、医疗器械、婴幼儿乳制品、烟草以及法律法规禁止生产、销售或禁止发布广告的商品或服务等特殊商品、服务领域,以及面向未成年人的大众传播媒介进行了一定的广告发布限制,这亦构成了各广告活动主体在开展广告活动时所应遵循的一般性规范。如果违反上述规定,将面临相应的罚款,直至吊销营业执照、广告审查批准文件、广告发布登记证件等行政处罚。

《广告法》第五十八条规定:**有下列行为之一的,由工商行政管理部门责令停止发布广告,责令广告主在相应范围内消除影响,处广告费用一倍以上三倍以下的罚款,广告费用无法计算或者明显偏低的,处十万元以上二十万元以下的罚款;情节严重的,处广告费用三倍以上五倍以下的罚款,广告费用无法计算或者明显偏低的,处二十万元以上一百万元以下的罚款,可以吊销营业执照,并由广告审查机关撤销广告审查批准文件,一年内不受理其广告审查申请:**

(一)违反本法第十六条规定发布医疗、药品、医疗器械广告的;

(二)违反本法第十七条规定,在广告中涉及疾病治疗功能,以及使用医疗用语或者易使推销的商品与药品、医疗器械相混淆的用语的;

(三)违反本法第十八条规定发布保健食品广告的;

(四)违反本法第二十一条规定发布农药、兽药、饲料和饲料添加剂广告的;

(五)违反本法第二十三条规定发布酒类广告的;

(六)违反本法第二十四条规定发布教育、培训广告的;

(七)违反本法第二十五条规定发布招商等有投资回报预期的商品或者服务广告的;

(八)违反本法第二十六条规定发布房地产广告的;

(九)违反本法第二十七条规定发布农作物种子、林木种子、草种子、种畜禽、水产苗种和种养殖广告的;

(十)违反本法第三十八条第二款规定,利用不满十周岁的未成年人作为广告代言人的;

(十一)违反本法第三十八条第三款规定,利用自然人、法人或者其他组织作为广告代言人的;

(十二)违反本法第三十九条规定,在中小学校、幼儿园内或者利用与中小学生、幼儿有关的物品发布广告的;

（十三）违反本法第四十条第二款规定，发布针对不满十四周岁的未成年人的商品或者服务的广告的；

（十四）违反本法第四十六条规定，未经审查发布广告的。

医疗机构有前款规定违法行为，情节严重的，除由工商行政管理部门依照本法处罚外，卫生行政部门可以吊销诊疗科目或者吊销医疗机构执业许可证。

广告经营者、广告发布者明知或者应知有本条第一款规定违法行为仍设计、制作、代理、发布的，由工商行政管理部门没收广告费用，并处广告费用一倍以上三倍以下的罚款，广告费用无法计算或者明显偏低的，处十万元以上二十万元以下的罚款；情节严重的，处广告费用三倍以上五倍以下的罚款，广告费用无法计算或者明显偏低的，处二十万元以上一百万元以下的罚款，并可以由有关部门暂停广告发布业务、吊销营业执照、吊销广告发布登记证件。

本条款规定了三种违法情形及相应的法律责任。第一，违反特殊商品的广告准则。《广告法》对药品、医疗器械、农药、食品等特定商品或服务的广告内容作出了专门规定，违反相应规定的广告宣传，有可能使消费者对其所宣传的产品产生误解，并导致错误地使用上述商品，造成人身伤害，其后果是非常严重的。同时，原《广告法》仅规定了药品等七种商品的广告准则，存在覆盖面较窄、内容不完备、操作性不强等问题，无法适应社会发展和监管执法的需要，新修订《广告法》相较于原《广告法》则完善了对保健食品、药品、医疗、医疗器械、教育培训、招商投资、房地产、农作物种子等多类与消费者的消费、生活、健康密切相关的商品或服务广告的内容准则，需引起各广告活动主体的注意。第二，违法使用广告代言人，即违反《广告法》第三十八条规定，使用未满十周岁的未成年人，或在虚假广告中作推荐、证明受到行政处罚未满三年的自然人、法人或者其他组织作为广告代言人。第三，未经依法审查即发布，即对于《广告法》第三十八条规定的在发布前必须经过审查的商品或服务广告，未经依法审查而发布。若广告活动主体出现上述三类违法情形，均会面临罚款甚至吊销营业执照、撤销相关资质文件等行政处罚；同时，考虑到相应违法广告可能给消费者带来的负面影响，本条款也明确了工商行政管理部门具有责令媒体停止继续发布该广告、要求广告主在相应范围内消除影响等行政权力，以及时、有效地防止违法广告在社会上继续误导、欺骗广大消费者。

《广告法》第五十九条规定：有下列行为之一的，由工商行政管理部门责令停止发布广告，对广告主处十万元以下的罚款：

（一）广告内容违反本法第八条规定的；

（二）广告引证内容违反本法第十一条规定的；

(三)涉及专利的广告违反本法第十二条规定的;

(四)违反本法第十三条规定,广告贬低其他生产经营者的商品或者服务的。

广告经营者、广告发布者明知或者应知有前款规定违法行为仍设计、制作、代理、发布的,由工商行政管理部门处十万元以下的罚款。

广告违反本法第十四条规定,不具有可识别性的,或者违反本法第十九条规定,变相发布医疗、药品、医疗器械、保健食品广告的,由工商行政管理部门责令改正,对广告发布者处十万元以下的罚款。

本条款明确了广告发布行为违反一般准则时所要承担的责任。《广告法》第八条、第十一条、第十二条、第十三条规定的内容是广告活动中经常涉及的现象,因此,凡是在广告宣传涉及相应内容时,比如商品的性能、产地、质量、产品使用的数据和统计资料以及专利产品等,必须真实、准确,并且不得在广告宣传时贬低他人,若出现上述违法现象,则广告活动主体将承担相应法律责任。除此之外,媒介以新闻报道形式发布广告,或者在大众传播媒介发布广告而没有标记为广告,或者变相发布医疗、药品、医疗器械、保健食品等特殊商品广告而使消费者对广告宣传产生误解时,工商行政管理部门要责令其改正,并处以相应罚款。

第二节　广告法律责任解读(B)

《广告法》第六十条规定:**违反本法第二十九条规定,广播电台、电视台、报刊出版单位未办理广告发布登记,擅自从事广告发布业务的,由工商行政管理部门责令改正,没收违法所得,违法所得一万元以上的,并处违法所得一倍以上三倍以下的罚款;违法所得不足一万元的,并处五千元以上三万元以下的罚款。**

本条款规定了擅自从事广告发布业务的责任。为了加强对广告发布者的监管与规范,《广告法》第二十九条对广告发布者的合法资质作出了规定,即要求从事广告发布业务的媒体应当具有专门从事广告业务的机构、配备必要的人员、具有相应的场所与设备等条件,并应向工商行政管理机关办理广告发布登记。本条款规定了媒体未依法办理广告发布登记而从事广告活动的法律责任,即工商行政管理机关可处以责令改正、没收违法所得、罚款等处罚。

同时,国家工商行政管理总局于 2015 年 7 月 1 日公布的《广告发布登记管理规定(征求意见稿)》又对广告发布登记的其他违法行为与法律责任进行了补充,包括:第一,提交虚假文件或采取其他欺骗手段取得《广告发布登记证》的,工商行政管理机构可以撤销《广告发布登记证》,并处以一万元以上三万元以下罚款,被工商行政管理机关依照本项规定撤销《广告经营许可证》的，二年内不得重新申领；第二，广告发布登记事项发生变化未按规定进行变更登记的，由工商行政管理机关责令变更；第三，伪造、涂改、出租、出借、倒卖或者以其他方式转让《广告发布登记证》的，处以一万元以上三万元以下罚款；第四，广告发布单位不按规定报送《广告业统计报表》的，由工商行政管理机关抄告统计部门予以处罚。

此外，对于擅自发布虚假、违法互联网广告的主体（包括未办理工商登记注册的互联网广告经营者和发布者以及未委托有资质的广告经营者开展广告活动的自然人），国家工商行政管理总局通过《互联网广告监督管理暂行办法（征求意见稿）》专门明确了其法律责任——“未依法取得互联网广告经营者、发布者资格在互联网发布虚假违法广告的，依照《无照经营查处取缔办法》以及企业登记管理有关规定，由广告发布者所在地、网站域名备案地的工商行政管理机关依照有关规定查处。对不具备真实备案信息和未经主管部门许可的，移送相关主管部门按照有关规定处理。”

《广告法》第六十一条规定：**违反本法第三十四条规定，广告经营者、广告发布者未按照国家有关规定建立、健全广告业务管理制度的，或者未对广告内容进行核对的，由工商行政管理部门责令改正，可以处五万元以下的罚款。**

违反本法第三十五条规定，广告经营者、广告发布者未公布其收费标准和收费办法的，由价格主管部门责令改正，可以处五万元以下的罚款。

本条款规定了广告经营者、广告发布者未依法进行广告业务管理的责任。如前文所述，为加强广告经营者和广告发布者的自我审查，进一步避免虚假、违法广告的出现，《广告法》在第三十四条、三十五条规定了广告经营者和广告发布者的相关义务。若广告经营者、广告发布者并未建立广告业务的承接登记、审核、档案管理制度，或未公布收费标准和收费办法，则由相关部门责令其改正，并处以五万元以下的罚款。

《广告法》第六十二条规定：**广告代言人有下列情形之一的，由工商行政管理部门没收违法所得，并处违法所得一倍以上二倍以下的罚款：**

（一）违反本法第十六条第一款第四项规定，在医疗、药品、医疗器械广告中作推荐、证明的；

（二）违反本法第十八条第一款第五项规定，在保健食品广告中作推荐、证明的；

（三）违反本法第三十八条第一款规定，为其未使用过的商品或者未接受过的服务作推荐、证明的；

(四)明知或者应知广告虚假仍在广告中对商品、服务作推荐、证明的。

本条款明确了广告代言人的责任,旨在督促广告代言人履行其义务、规范其行为,即要求其不得为医疗、药品、医疗器械、保健食品等关系消费者生命健康安全的特殊商品代言,不得为未使用过的商品或服务代言,不得为明知或应知的虚假广告代言。如违反上述规定,工商行政管理机关可以没收广告代言人的非法所得并处以相应罚款,同时也可以在广告代言人明知或应知广告虚假仍进行代言时,对其追究相应的行政责任和民事责任。

《广告法》第六十三条规定:**违反本法第四十三条规定发送广告的,由有关部门责令停止违法行为,对广告主处五千元以上三万元以下的罚款。**

违反本法第四十四条第二款规定,利用互联网发布广告,未显著标明关闭标志,确保一键关闭的,由工商行政管理部门责令改正,对广告主处五千元以上三万元以下的罚款。

本条款是关于未经同意或者请求向他人发送广告、违法利用互联网发布广告的责任,即广告活动主体若未经当事人同意或请求便向其住宅、交通工具、电子邮箱等发送广告,并且在以电子信息发送广告时未向接收者提供拒绝继续接收的方式,或利用互联网发布广告未显著标明关闭标志而影响用户正常网络使用的,将面临责令改正、行政罚款等处罚措施。

值得关注的是,对于互联网广告而言,《广告法》第四十四条第一款的规定同样适用于本法的各项规定,如需遵循第九条、第十条规定的广告活动的基本准则,需在发布保健食品、药品、医疗、医疗器械、教育培训、招商投资、房地产、农作物种子等特殊商品或服务广告时遵循相关要求,需遵循《广告法》对广告代言人的各项规定等,当互联网广告主、广告经营者、广告发布者违反这些法律规定时,则应承担《广告法》其他相关条款所规定的法律责任。

《广告法》第六十四条规定:**违反本法第四十五条规定,公共场所的管理者和电信业务经营者、互联网信息服务提供者,明知或者应知广告活动违法不予制止的,由工商行政管理部门没收违法所得。违法所得五万元以上的,并处违法所得一倍以上三倍以下的罚款;违法所得不足五万元的,并处一万元以上五万元以下的罚款;情节严重的,由有关部门依法停止相关业务。**

本条款规定了公共场所的管理者和电信业务经营者、互联网信息服务提供者未依法制止违法广告活动的责任。如前文所言,为了强化互联网广告信息的合法性,《广告法》第四十五条规定了"第三方平台"制止发送、发布违法广告的法律义务。本条则说明当未履行相关义务时,工商行政管理机关将对其处以没收违法所得、处以罚款等惩处；情节严重的，有关部门可依法停止其业务。

我国其他相关法律规章对此也有所涉及，可为监管部门的执法提供依据。如2012年12月28日出台并施行的《全国人民代表大会常务委员会关于加强网络信息保护的决定》，规定了网络服务提供者具有管理用户发布的信息的法律义务，当“发现法律、法规禁止发布或者传输的信息”时，应当“立即停止传输该信息，采取消除等处置措施，保存有关记录，并向有关主管部门报告”。对违反相应规定的行为，有关部门可“依法给予警告、罚款、没收违法所得、吊销许可证或者取消备案、关闭网站、禁止有关责任人员从事网络服务业务等处罚，记入社会信用档案并予以公布；构成违反治安管理行为的，依法给予治安管理处罚；构成犯罪的，依法追究刑事责任；侵害他人民事权益的，依法承担民事责任”。

《广告法》第六十五条规定：**违反本法规定，隐瞒真实情况或者提供虚假材料申请广告审查的，广告审查机关不予受理或者不予批准，予以警告，一年内不受理该申请人的广告审查申请；以欺骗、贿赂等不正当手段取得广告审查批准的，广告审查机关予以撤销，处十万元以上二十万元以下的罚款，三年内不受理该申请人的广告审查申请。**

本条款明确了隐瞒真实情况或者提供虚假材料申请广告审查的责任。广告主在申请广告审查时所提交的企业法人营业执照、经营许可证、广告内容中相关数据的科学依据等材料是用来证明广告真实、合法的材料，对广告内容的真实性、合法性具有“证据”的效力。如果广告主提供的证据隐瞒了真实情况或是虚假的，那么其所从事的广告宣传也就不可能是真实的，虚假证明文件往往是虚假广告得以出笼的保护伞。根据本条规定，广告主如果提供了虚假证明文件，广告审查机关可不予受理或者不予批准，予以警告，且一年内不受理该申请人的广告审查申请；广告主以欺骗、贿赂等不正当手段取得广告审查批准的，将被处以撤销广告审查批准文件、行政罚款、不受理广告审查申请等处罚。

《广告法》第六十六条规定：**违反本法规定，伪造、变造或者转让广告审查批准文件的，由工商行政管理部门没收违法所得，并处一万元以上十万元以下的罚款。**

本条款明确了伪造、变造或者转让广告审查批准文件的责任。其中，“伪造”，是指没有审查批准文件而制作虚假的审查批准文件；“变造”，是指用涂改、擦消、拼接等方法，在真的审查批准文件上进行变更；“转让”，是指将针对某特定广告主的审查批准文件转给他人[①]。如前文所述，广告审查批准文件作为广告审查机关

① 《〈中华人民共和国广告法〉释义（部分摘要）》，四川省乐山市五通桥区政府网站，http://www.wtq.gov.cn/html/xwpd/fc/28176646.html。

出具的公文，具有法律赋予的权威性，任何损害其权威性的行为，都是对国家行政管理秩序和社会秩序的破坏，均应承担相应的法律责任，即由工商行政管理部门没收违法所得，并处一万元以上十万元以下的罚款。

《广告法》第六十七条规定：**有本法规定的违法行为的，由工商行政管理部门记入信用档案，并依照有关法律、行政法规规定予以公示。**

本条款在原《广告法》中是没有的，之所以要新增加本条款，目的就是要对那些虚假广告和违法广告的制作者、发布者及广告主在予以相应法律处罚的同时，将他们公之于众，让消费者清楚地知道社会上的虚假广告与违法广告有哪些，避免上当受骗。这是一种借鉴国外广告监管部门拉入广告黑名单的惩治方法。

《广告法》第六十八条规定：**广播电台、电视台、报刊音像出版单位发布违法广告，或者以新闻报道形式变相发布广告，或者以介绍健康、养生知识等形式变相发布医疗、药品、医疗器械、保健食品广告，工商行政管理部门依照本法给予处罚的，应当通报新闻出版广电部门以及其他有关部门。新闻出版广电部门以及其他有关部门应当依法对负有责任的主管人员和直接责任人员给予处分；情节严重的，并可以暂停媒体的广告发布业务。**

新闻出版广电部门以及其他有关部门未依照前款规定对广播电台、电视台、报刊音像出版单位进行处理的，对负有责任的主管人员和直接责任人员，依法给予处分。

本条也是新增条款之一。主要针对近些年来国内传统媒体广告发布者见利忘义，有意钻原《广告法》的空子，变换手法借助似乎并不直接传播广告信息的障眼法，变相刊播广告或进行隐形广告宣传，从而诱导消费者上当受骗，使消费者身心与经济利益均受到伤害的行为。新修订《广告法》未颁布实施之前，相关执法部门因为没有可对应的法律法规条款对这些违法行为进行处罚，导致一时间健康讲座、养生专题充斥各类媒体，在社会上造成了非常坏的影响。

《广告法》第六十九条规定：**广告主、广告经营者、广告发布者违反本法规定，有下列侵权行为之一的，依法承担民事责任：**

(一)在广告中损害未成年人或者残疾人的身心健康的；

(二)假冒他人专利的；

(三)贬低其他生产经营者的商品、服务的；

(四)在广告中未经同意使用他人名义或者形象的；

(五)其他侵犯他人合法民事权益的。

依据《广告法》该条款之规定，广告主、广告经营者、广告发布者违反《广告法》

中的相关条款规定造成侵权行为的，除了根据《广告法》中的相应条款对其进行处罚外，他们同时还要依法承担相应的民事法律责任。这一规定能更好地扼制虚假广告、违法广告在各地泛滥的现象。

《广告法》第五章对各种广告违法行为规定了应承担的法律责任。因为在《广告法》施行的同时，不可能预见日后广告管理会有哪些新的变化与发展，所以对于未能在《广告法》中做出处罚认定，或者出现未规定应承担何种民事责任的违法广告现象时，就要依据其他相关广告管理规定中的具体条款进行处罚。如果不能在其他规定中找到处罚依据或者仅凭借《广告法》的条款对其处罚明显偏轻的，可以同时依据相关法律条款进行处罚。这样就会加大对虚假、违法广告的处罚力度，有效地威慑广告犯罪活动。

《广告法》第七十条规定：**因发布虚假广告，或者有其他本法规定的违法行为，被吊销营业执照的公司、企业的法定代表人，对违法行为负有个人责任的，自该公司、企业被吊销营业执照之日起三年内不得担任公司、企业的董事、监事、高级管理人员。**

本条款是新修订《广告法》所增加的内容，主要是对虚假广告、违法广告活动的广告主体——广告主在工商行政执法方面的处罚。广告主若发布虚假、违法广告，今后不但要承担被罚款的处罚，同时还会被禁止继续担任企业领导。该条款的制定能更加有效地根治虚假广告屡禁不止的现象。

《广告法》第七十一条规定：**违反本法规定，拒绝、阻挠工商行政管理部门监督检查，或者有其他构成违反治安管理行为的，依法给予治安管理处罚；构成犯罪的，依法追究刑事责任。**

当前，受经济利益的驱使，一些虚假、违法广告的发布者为了自己的私利而抗拒、阻挠工商行政管理部门的监督检查，新修订《广告法》公布之前，原《广告法》中没有相应条款，因而遇到此类事件时，相关部门无法对其采取措施。这亦从另一方面无形中助长了违法者的气焰。新修订《广告法》中本条款的制定，就可以在打击违法行为方面起到相应的震慑作用。

《广告法》第七十二条规定：**广告审查机关对违法的广告内容作出审查批准决定的，对负有责任的主管人员和直接责任人员，由任免机关或者监察机关依法给予处分；构成犯罪的，依法追究刑事责任。**

依据本条规定，广告审查机关对违法广告内容作出审查后批准发布决定的，应依法承担责任。假如广告审查机关对违法广告内容作出批准其准予发布的决定，无疑便充当了违法广告的保护伞，同时也损害了广告审查机关的形象。对此，批准者必须要承担相应的法律责任。

《广告法》第七十三条规定：**工商行政管理部门对在履行广告监测职责中发现的违法广告行为或者对经投诉、举报的违法广告行为，不依法予以查处的，对负有责任的主管人员和直接责任人员，依法给予处分。**

工商行政管理部门和负责广告管理相关工作的有关部门的工作人员玩忽职守、滥用职权、徇私舞弊的，依法给予处分。

有前两款行为，构成犯罪的，依法追究刑事责任。

《广告法》第七十三条专门规定了广告监督管理机关和广告审查机关工作人员玩忽职守、滥用职权、徇私舞弊，应依法追究的法律责任。正如前面已经说过的，《广告法》通过不久，最高人民检察院就发布了《最高人民检察院关于认真执行〈中华人民共和国广告法〉的通知》，通知第三条规定："各级人民检察院在办理违反《广告法》的刑事案件中，要注意根据案件情况，分清广告主、广告经营者和广告发布者各自的责任。对广告经营者或广告发布者明知广告的行为是违反《广告法》的行为构成犯罪的，在追究法人(单位)刑事责任的同时，对其直接负责的主管人员和其他直接责任人员要依法追究刑事责任。"这里所指的其他直接责任人员，就包括广告监督管理机关和广告审查机关的工作人员。

《广告法》第七十四条规定：**国家鼓励、支持开展公益广告宣传活动，传播社会主义核心价值观，倡导文明风尚。**

大众传播媒介有义务发布公益广告，广播电台、电视台、报刊出版单位应当按照规定的版面、时段、时长发布公益广告。公益广告的管理办法，由国务院工商行政管理部门会同有关部门制定。

这是新修订《广告法》特地增加的条款，目的就是要在所有从事广告业务的工作者中倡导创作公益广告的风气，用公益广告的形式更好地弘扬社会风气，提升全社会老百姓的精神文明素质。目前，各地相关部门已经在用实际行动响应政府的相关号召，比如大连市委宣传部、大连市工商行政管理局和大连日报社共同发起并主办了"大连日报杯"全国公益广告大赛，并已举办了三届，每一届都有近20个省、市的广告从业人员参加，在国内外产生了相当的影响力。"大连日报杯"全国公益广告大赛也成为大连市广告业的一个品牌。

《广告法》第七十五条规定：**本法自2015年9月1日起施行。**

本条规定了《广告法》具体生效的日期。

结束本章内容之前，我们再稍做一下总结：《广告法》的颁布实施确实对社会主义市场经济条件下中国广告业的发展起到了巨大的促进作用，对于广告业的守法经营、维护市场秩序、保障人民群众利益与身体健康发挥了应有的保驾护航作用，对于打击违法、防止虚假广告对社会经济秩序的破坏有着强大的威慑力。当前，全国各地的广告业活动已经走上了一个令人振奋的、健康的发展之路。2012年，中国广告市场总体规模已跃居世界第二位；2014年，国内广告经营额达5605亿元。全国各类广告公司已从1994年的1万多家猛增到2015年的19万多家。2015年6月，在北京召开了中国广告协会第六次会员大会，成功进行了换届。但是，在为中国广告业所取得的巨大成就感到振奋、高兴的同时，我们更应清醒地看到，由于社会经济发展的实际情况以及中国法制建设的现状和社会主义法制理念的局限，《广告法》这部中国广告业的大法用今天的眼光来看，还存在缺陷和不完善之处，比如对药品、医疗、化妆品广告进行发布前的审查在《广告法》中表述的并不十分严谨，对于这类特殊商品的违法广告行为的查处条款力度也不够，对于媒介不履行审查手续、给钱就播的违法行为给予的具体处罚规定太轻，没有对名人代言违法、虚假广告就其应该承担刑事责任予以规定等。此外，像对网络广告的法规管理、移动互联网广告的法规管理等在《广告法》中并没有详细的法律条文规定。《广告法》的这些缺陷也让不少广告主在从事广告活动时有意钻法律的空子，使得许多让老百姓深恶痛绝的违法、虚假广告活动屡打不绝、屡禁不止，给人民群众的身心健康造成了危害。因此，尽快完善相关系列法律法规也就应成为党和政府今后的一项重要议事日程；广大消费者和人民群众非常期盼这部广告业的大法能更为完善，更具法律威慑力，能更好地适应21世纪社会主义市场经济的运行，为整个国民经济的飞速发展起到保驾护航的作用，成为打击犯罪、保护市场经济秩序的利剑和金盾。

复习思考题

1. 广告违法行为构成要件有哪些？
2. 广告违法行为的行政法律责任指什么？
3. 什么叫民事法律责任？
4. 什么是刑事法律责任？
5. 发布虚假广告应承担什么法律责任？
6. 什么叫行政复议和行政诉讼？
7. 如何看待对违法广告主体的强制执行？
8. 如何看待名人代言虚假广告行为？
9. 你对制定专门的网络广告法规有什么建议？

第六章 广告伦理

本章重点:掌握伦理与法律的不同之处以及广告人应具备的职业道德。

本章难点:如何在广告活动中自觉遵守广告职业道德?

第一节 广告伦理解读

本章先讲解伦理和广告伦理的概念。

一、伦理

美国《韦氏大辞典》给伦理下的定义是:"伦理一门探讨什么是好什么是坏,以及讨论道德责任义务的学科。"[①]伦理一词在中国最早见于《乐纪》,《乐纪》中说道:"乐者,通伦理者也。"[②]《辞海》对伦理的解释是:"所谓伦理,就是指在处理人与人、人与社会相互关系时应遵循的道理和准则,是指一系列指导行为的观念,是从概念角度上对道德现象的哲学思考。它不仅包含着对人与人、人与社会和人与自然之间关系处理中的行为规范,而且也深刻地蕴涵着依照一定原则来规范行为的深刻道理。是指做人的道理,包括人的情感、意志、人生观和价值观等方面。是指人际之间符合某种道德标准的行为准则。"[③]从上述解释中可看出,从概念上分析,伦理是对道德现象所进行的哲学层面的思考与解读。伦理与道德应是一个共融概念,即伦理道德。早在古代社会,我们的祖辈就已经意识到伦理在社会实践中的精神作用,像先秦时期的"义利之争"、宋明时期的"理欲之辩"等,都是关于道德最高原则的争辩。在中国古代思想家的论述中,对伦理道德的含义表述是比较

---

① 《韦氏大辞典》,梅里亚特-韦伯斯特公司 2014 年版,第 127 页。

② 戴圣编:《乐记》,中华书局 1947 年版,第 27 页。

③ 《辞海》(语言分册),辞书出版社 2009 年版,第 1221 页。

宽泛的，古代思想家认为“道”表示事物运动变化的规律和准则。当人们认识了“道”，用“道”内得于己、外施于人时便称作“德”。[1]

到了现代社会，伦理道德的社会精神作用同样非常重要，伦理道德不仅是人们在从事商业活动时应该遵守的一个基本规范，也是人类精神修养的准则。从这一点上看，伦理道德与法律尽管同属意识形态，同是上层建筑的分支，但二者又有很大的不同：法律是统治阶级为维护自己的统治而强行制定的条文；而道德靠的却是百姓的自觉意识，靠的是人们多年来相互之间约定俗成的规范和社会上各种舆论的监督。

二、广告伦理

从广告业市场运作过程来看，广告伦理是指广告主、广告人、广告发布者等从事广告经营活动的广告从业人员在广告活动中应该遵守的行为规范，这种行为规范与广告道德应是同一意旨。因而，本书所讲的广告伦理即广告伦理道德的综合，是两个概念的统一。

作为一种影响面很广的职业伦理道德，它是指被特定的政治、经济关系所决定的，是广告人在这一具体的社会现状下从事广告活动时所应遵循的行为规范和道德准则。广告伦理既是整个人类社会道德体系的组成部分，又与商品经济有着密不可分的关系。自从人类社会有了商品生产和商品流通以来，商业行为中就存在着道德规范。如我国古代社会的“童叟无欺、货真价实”就是对道德规范的遵守；而“君使服于内，犹悬牛首于门而卖马肉于内”(《晏子春秋》)，从道德这一角度看，就是对违背道德的行为的揭露。

今天，由于商品经济的大潮越来越猛烈地冲击着各个民族的传统文化和人们的文化观念，广告作为商品经济大潮中的一个弄潮儿，始终搏击在这一大潮的潮头。因此，我们必须把广告创意中的道德自律意识作为广告人的一个基本素质加以要求和重视。

广告是靠一个个创造性的好点子、好主意来说服消费者的，因此它又是一门说服艺术。正是由于广告具有说服的性质，它就有可能被人利用，作为商业冒险、投机甚至诈骗的手段。所以对广告真实性的要求是广告人自觉遵守广告伦理道德的首要表现，更是企业增强 CIS 策划与市场竞争能力的重要手段。

---

① “内得于己”指由客观存在所决定的个人意识形态、善恶评价标准等；“外施于人”则是一种用来调整人际关系的具体行为。——作者注

在我国社会主义制度下,随着精神文明建设的深入,广告人和企业主的伦理道德意识与道德自律在总体上已经达到了比较高的水平,如在全国各地开展声势浩大的“百城万店无假货行动”、“全国质量万里行”“3·15 消费者权益保护日”等。这些活动的开展与走向深入,在很大程度上对企业、广告主、广告人的道德意识、道德品质、道德文化等方面素质的提高起到了较好的导向作用。比如,某大城市的一家商厦在电视上投放过这样一则广告:“本商场非常厌恶假货,如在本商场购到假货者,本商场不仅照价退款,同时凭发票赔偿货价两倍之损失。另外,由于个别员工的素质较差或工作中的疏漏,可能在个别商品的出售过程中质量上有误差,因此凡顾客在本商场购得的商品,十日内发现质量问题的,本商场保退或保换,并承担运输费用。”这则广告既实话实说,又把讲信誉作为了广告的主要诉求点。讲信誉是讲道德的具体表现,这样的广告自然会赢得消费者发自内心的喜爱。该商厦的销售额在广告发布后不久就开始一路上扬。

据中央电视台报道:长沙市五一路数百家商店在开展创建“百城万店无假货”的行动中提出了“购物由你选,质量我监管”的情系消费者、让消费者放心的口号。一次,一位顾客从五一路上的一家眼镜店购得一副眼镜,回家一试戴发现眼镜在矫正视力上存在缺陷,第二天他拿着眼镜找到了店里。眼镜店的负责人对此事极为重视,在再三检测仍未找出毛病的情况下,专门从上海请来眼镜专家对这副眼镜进行了检查,仍未有结果;他们又从广州请来有关专家对这副眼镜进行检测,终于找出了毛病。于是他们依照技术参数重新免费为该顾客配制了一副眼镜。

某媒体曾报道过一件事:南京市白下区宁中里一位 105 岁的老人钱道康,身体硬朗,头脑清晰,思维敏捷,是远近闻名的健康老寿星,尽管他家中经济条件不好,可是面对七家出高价请他做广告代言人的保健品厂家,钱道康老人一点也不动心,他说:“我从来没有吃过任何保健品,所以不能说假话骗人。”

讲信誉、讲道德更是国际社会共同遵守的准则规范。一次,英国航空公司某航班由于临时出了机械故障而延误了起飞时间,大部分乘客见状都退了票,只有一位乘客不愿退票。航空公司见此情况,临时决定只载着这一位乘客仍按原计划飞往目的地。这一举动在社会上引起了很大的反响。航空公司虽然因这次飞行损失了好几十万元,但却赢得了更多乘客的信赖,公司的信誉在广大乘客心中大幅提升。

在美国汽车运输业竞争日趋激烈的形势下,安飞士(Avis)出租车公司坦诚地打出了广告语:“我们是老二,所以更努力。”这种把对手推到第一、自己甘居第二的诚实精神既打动了乘客,更赢得了乘客的心。

用创意表现广告道德的时候，应注意少用干巴巴的政治说教，多用具体生动的形象来说服受众。国内有这样一则宣传保护森林的公益广告：画面上，电锯吼叫着疯狂地锯割树木，从锯口流出来的并不是白色的木屑，而是浓浓的血液。在这一触目惊心的画面中，人们看到的是扼杀大自然生命的罪恶行径，进而看到了人类的自毁行为。刺耳的锯木声和鲜红的血液让人心底发颤。这一极具感染力的画面使人看后更能深刻地理解广告主题，并深深唤起人类爱护大自然、珍惜大自然的自觉行动。

台湾有一则公益广告成功地用形象诉说了一个环保主题：画面上，一个男人的脑袋被剃得花里胡哨、不忍卒视。这个非常简单的画面在诉说着环保道德：人的头发剃坏了可以很快长出新发，但若滥砍滥伐森林资源，即使竭尽全力地再造，树木的生产速度也赶不上砍伐的速度。广告以触目惊心的方式呼吁人类树立保护森林的自觉道德意识，珍惜大自然赋予人类的这一宝贵资源。

三、广告行业自律

广告行业自律主要指广告主、广告经营者、广告发布者通过章程、准则、规范等形式进行自我约束和管理，使自己的行为更符合法律、社会道德和职业道德的要求。

职业道德自律也是广告职业道德中的一项基本行为准则，广告人职业道德自律的重点应体现在行业自律上。通常，对广告业行业自律的解释是："在世界各国广告业的发展过程中，为保持人们对广告及其行业的依赖，广告业逐步自发地形成了行业自律体系。这一体系的具体范畴是指，每个国家的广告行业都有其全国性的行业组织，通过制定完善的、广告行业共同遵守的行业条约，把国家的广告管理法规变成行业自身的行为准则，配合政府维护行业竞争秩序、实现自我约束、规范其广告行为。"①

广告行业自律建立在理性、责任感和远见卓识的基础上。遵守行业自律，是广告活动主体的自愿行为，不需要也没有任何组织和个人强迫，更不像法律、法规那样需要国家的强制力来保证其实施。因此，广告行业自律主要依靠广告主、广告经营者、广告发布者的自觉意识和社会舆论的监督来实现，违反行业自律的行为则主要靠舆论的谴责使其改正。

① 崔银河主编：《中外广告发展简史》，中国传媒大学出版社 2007 年版，第 112 页。

大连市星海广告文化公司在创办之初就将自觉遵守广告人的职业道德作为其开展广告活动时的行业自律准则，为此他们在公司业务大厅的醒目位置上张贴了这样一则广告："本公司承诺将自觉遵守国家工商行政管理总局制定的《广告活动道德规范》和中国广告协会制定的《广告行业公平竞争自律守则》等相关广告活动准则，讲求广告人职业道德和行业自律是我公司的宗旨。因此，凡是有发布《广告法》中所规定的药品、医疗器械、化妆品等六种特殊商品广告的客户，必须事先提交相关机关的检验、审查报告书，未能提交检验、审查报告书的广告业务，本公司恕不接受。"这虽然是一家在规模上并不算大的广告公司，但他们却在开业之初就制定了一套很好的广告人自律守则，这一做法自然会在消费者心中留下较好的印象。一次，一个客户来洽谈一笔费用可观的广告业务，公司发现他们提供的广告语有误导消费者的嫌疑，就提出了具体的修改意见，但是客户坚决不同意修改，并且威胁说如果不按照他们的要求把这句广告语加进去，就要撤回这笔业务。公司最后宁可失掉这项业务，也没按照他们的要求使用那句有虚假之嫌的广告语。星海广告文化公司的这一做法就是在用行动践行广告人的职业道德自律精神。

复习思考题

1. 什么是伦理？
2. 什么是广告伦理道德？
3. 广告人如何在自己所从事的广告活动中养成自觉的职业道德意识？
4. 行业自律的要点有哪些？
5. 请认真自学本书附录中的《广告活动道德规范》，并写出一篇1000字以上的读后感。

第二节　违背伦理道德的广告行为

上一节讲过，伦理道德指人自身的内在价值追求和外在行为规范，广告作为大众传播的一种重要形式，在伦理道德方面理应该起到积极的作用。但是某些广告出于种种利益追求，在具体传播过程中不顾社会影响，在广告业界产生了非常负面的影响，其中最被消费者痛恨的就是虚假广告。

与真实性相对立的就是虚假欺骗性。广告的虚假欺骗是一种为所有消费者所不齿、所痛恨的违背伦理道德的广告行为。在资本主义国家的商品经济中，资本家的生产目的决定了其商业广告是其获取剩余价值的一种手段。为了获取高额利润，个别资本家便把广告作为蒙骗消费者的工具，把广告当成自己发财的一个手段。比如美国全国广播公司为了制造新闻效应，故意在通用汽车公司生产的一种卡车上预先放置爆炸物，然后让这辆卡车和另一辆汽车相撞，并通过电视画面把这一过程传送到千家万户，使众多消费者对这种卡车担惊受怕。真相被揭露后，舆论界一片哗然。另一家公司则利用消费者崇尚进口香水的心理，在自己生产的香水外包装上印上“美国瓶装”字样，并在广告中反复宣传这一卖点。消费者不谙此道，认为既然是在美国装瓶的，那香水一定也是进口的，于是纷纷购买。这种误导、诱导消费者的广告创意使消费者深受其害，而这种违反广告道德的广告行为也一定会受到全社会的声讨。①

日本松下电器公司曾通过媒体在中国发布过一则 F55MC 录像机的广告，广告中虚构了该录像机的“插入编辑”功能，误导了消费者，许多消费者买回家使用时才发现上了当，于是纷纷向有关部门投诉，后来厂商不得不公开向中国消费者道歉。②

当然，国外有关部门对那些误导、诱导消费者的虚假广告的处罚也是非常严厉的。美国著名歌星帕特·布恩在 Acnestatin 粉刺霜广告中做了假证人广告，宣称这种粉刺霜效果如何明显云云。后经美国广告审查委员会调查，发现帕特·布恩的证词毫无根据，便下令媒体立即停播。除帕特·布恩本人受到处罚外，广告主、广告公司、新闻媒体全都连带受到了处罚。香港《苹果日报》也因在一则招聘广告中写了“招聘靓女记者多名，负责采访舞会和社交活动”的内容而被指控“在广告中指明工作需由某一性别担任，即被视为有意歧视”而被当局公诉机构起诉。②

美国除了对虚假广告给予严厉处罚外，从 1975 年起又增加了一项治理措施，称为“矫正广告行动”。即当发现某广告为欺骗性广告后，制作此广告的广告商必须再制作一则新的广告，声明先前的广告宣传并非真实。一次，美国一家广告公司在为李施德林牙膏做广告宣传时称：这种牙膏除了可消除口中细菌外，还能防止、治愈、减轻一般感冒。但消费者在实际使用过程中却发现该牙膏根本没有这项功能。结果广告商除被罚款外，还同时被罚发布“矫正广告”一年，广告商为此花费了近 1000 万美元的矫正广告费。

国内近几年也开始使用这一办法来处罚虚假广告。太阳神集团上海分公司曾经以发布虚假天气预报的方式来推销自己的产品，结果受到工商部门的查处：

①② 崔银河主编：《广告法规与职业道德》，中国传媒大学出版社 2008 年版，第 112 页。
② 崔银河主编：《广告法规与职业道德》，中国传媒大学出版社 2008 年版，第 113 页。

除被处以数万元人民币的罚款外,还被责令在相同的报纸上用相同版面刊登更正启事。这一"以其人之道还治其人之身"的矫正广告,无疑是一项见实效的道德惩罚措施。

但同时我们也忧虑地看到,国内不少企业为了谋取短期利益,毫不顾及最起码的职业道德,用劣质、有害的原材料加工、生产产品,然后再将这些假冒伪劣产品通过广告的形式推销出去。比如中央电视台前不久报道的全国著名"醋乡"——山西清徐县——的一些醋厂在广告中大肆宣传自己的产品质量如何好,但在实际生产过程中却为了降低成本而使用国家明令禁止的工业醋精来勾兑醋,而且不但不对那些回收回来的旧瓶子进行消毒处理,反而把那些勾兑了醋精的醋装进瓶子里销往全国各地。[①] 此外还有不时被曝光的假药、假烟、假酒、假化肥、假农药、假种子广告……就连老百姓日常生活中必须食用的大米、白面、肉食、副食等也出现了问题。如果我们的执法机构再不加大打击的力度,如果我们不能尽快制定出相应的法律法规来惩治这些违法犯罪活动,那我们的人民只能无奈地发问:"我们到底还能吃什么? 用什么? 还有什么产品是让人放心的……"

除了企业造假外,目前国内投放的广告中仍有不少误导、诱导消费者的现象,这除了创意人员自身道德意识丧失、法制观念淡漠外,还与商品经济大潮中泛起的拜金观念熏陶有关。比如有一则滋补广告,广告语说:"吃这种补品可以开发智力、增强体质,吃了能当经理。"广告中还有这样一段描写:儿子躺在妈妈怀里自豪地说:"爷爷当经理,爸爸是经理,我长大了也要当经理。"这种用小孩进行露骨诱导的广告,必将给青少年一代的心灵染上"官权崇拜"的意识。

当前,在许多城市的街头和一些畅销报刊中,各式各样的房地产广告中仍然随处可见"豪华""豪宅""新贵""××楼盘,白领贵族的集聚地"等炫耀富豪的广告语。

山西朔州曾生产过一种"四不象"牌啤酒,其在太原市各大媒体上发布的广告中故弄玄虚地宣称:据有关消息透露,近日"四不象"从雁门关进入本地区,估计不日将进入千家万户,请大家关好门窗,留心观察。这一"杰作"引起了太原市民的极度惊恐,人人都以为这"四不象"一定是外星怪客,许多中小学的学生甚至被吓得不敢去上学。这种不道德的广告行为在社会上造成了很坏的影响,中央电视台甚至专门进行了披露。[②]

进入 21 世纪后,在我国市场经济深入发展但法制观念还未达到应有水准的

---

① 参见中央电视台 2004 年 6 月《焦点访谈》节目。

② 崔银河主编:《广告法规与职业道德》,中国传媒大学出版社 2008 年版,第 113 页。

矛盾之下，广告界违背广告伦理道德的传播行为层出不穷，这不仅严重损害了消费者的利益，而且也给广告业的正常发展带来了严重的负面影响。近几年被相关部门打击处理以及曝光的典型案例主要有以下几种类型。

一、非人道主义广告

在广告宣传中有意利用某些重大事故为自己做宣传，以引起受众对该产品或某一服务的重视。比如中国平安保险公司就有意拿伊春空难[①]为自己做广告宣传。伊春空难发生后，在举国哀悼之际，中国平安保险公司竟然用该空难事件作为广告元素，以手机短信的形式向广大用户发送如下广告讯息："关注伊春，愿意外不再有，出行前勿忘投保交通意外险。当天航班可保，三分钟网上投保。"该广告讯息以令所有人心情都非常悲痛的伊春空难为宣传卖点，以达到推销平安交通险的目的。[②] 绝大多数受众觉得该广告讯息无法接受，他们认为：一方面，平安保险公司的这则广告给空难受害者家属带来了二次伤害；另一方面，这则广告也让准备出行的乘客产生反感情绪。对于灾难事件，人道主义是国际通用准则，该广告不顾逝者哀情，简单粗暴地利用逝者进行广告宣传，这种做法无疑对树立公司形象起到了负面作用。

二、宣传色情与暴力的广告

色情与暴力内容既是《广告法》中明令禁止的，同时也是广告伦理道德中被声讨的。从广告伦理道德方面来讲，色情与暴力广告严重违背了全社会理应遵守的道德公俗，败坏了社会风气。比如"滴滴打车"应用软件最近投放的一则广告，广告画面内容为一位想要打车的男士，广告语为："湿了吗，紧了吗，硬了吗"，这种暗含黄色低俗意味的广告语明显违背了广告伦理道德，一经投放便遭到了众多受众的质疑。

---

① 2010年8月24日21:38:08，河南航空有限公司机型为ERJ-190、注册编号为B-3130号的飞机在执行哈尔滨至伊春的VD8387班次定期客运航班任务时，在黑龙江省伊春市林都机场距离30号跑道690米处(北纬47°44′52″、东经129°02′34″)坠毁，部分乘客在坠毁时被甩出机舱。机上乘客共计96人，其中儿童5人，事故造成44人遇难、52人受伤，直接经济损失30891万元。该事故属可控飞行撞地，事故原因为飞行员操作失误。

② 《新京报》，2016年8月11日。

三、传播非主流价值观的广告

雪碧饮料曾经投放过一则传播非主流价值观的广告,可被视为这类广告的典型。

广告语:

我喜欢你,陈老师!

师生恋是禁忌?

都 21 世纪了,

为什么不能自己挑选自己喜欢的人呢?

公布成绩那天,

我鼓起最大的勇气和陈老师说我喜欢她!

虽然她没有接受我,但是我没有后悔!

——ERIC 十七岁

这是雪碧平面系列广告之一的文案,该系列广告以少年为叙事主角,传递出一种非主流价值观,如师生恋、同性恋等。广告利用未成年人心智不成熟、处于反叛期的特殊心理状态进行迎合式宣传,有违企业理应遵守的社会公俗,丧失了其本应承担的社会责任感。广告严重违背了广告伦理,对业界和社会形成了恶劣的价值观导向。

四、鼓吹不良社会风气的广告

在此类违背伦理道德的广告现象中,脑白金系列广告可以算是一个典型:“今年过节不收礼,收礼只收脑白金。”作为普通营养保健品的脑白金就因为这句朗朗上口的广告语而一时间家喻户晓、人人皆知,产品的知名度迅速提升,送脑白金之风盛行,脑白金成为礼品界的宠儿。但是,广告明目张胆地宣传送礼、收礼,无疑助长了社会上拉人情、送厚礼的不正之风,对社会道德环境的净化起到了不良的导向作用。

综上所述,我们可以得到这样一个清晰的认识:在我们这样一个社会主义国家，任何商业广告都必须维护消费者的利益，决不允许诱导、误导的虚假广告出现，任何损害消费者经济利益、身体健康和心理健康的违背伦理道德的广告行为，都必将受到法律的制裁，广告人、广告主、广告发布者均不能以身试法。

复习思考题

1. 请谈谈你对不道德广告行为的看法。
2. 不道德广告行为对社会和消费者的危害有哪些？请举例分析。
3. 你如何看待非主流价值观广告的传播？
4. 如何从伦理道德层面制止色情、暴力广告传播？

第三节 虚假广告根治策略

《焦点访谈》曾有这样的报道：海南省某地方电视台竟然公开播放一条又一条虚假行医广告，有的人在广告中说自己是医学博士、医学专家，擅长治疗某种疑难疾病，但是当记者找上门时，这些医学专家竟然连自己刚刚开出的药品的名字都叫不上来。对于这样的骗子，当然是应该人人喊打，可是那些随便播出这种虚假广告的媒体及广告发布者难道就可以为了广告费而不顾及广告人的职业道德吗？

国家工商行政管理局在《广告活动道德规范》第五条中规定："广告主应当自觉维护消费者的合法权益，本着诚实信用的原则，真实科学地介绍自己的产品和服务。"第十条规定："广告主实行广告服务招标，应当尊重投标者的劳动成果，自觉履行招标承诺，自觉抵制和纠正以虚假招标形式引诱投标者投标，以及窃用投标者的广告策划和创意的不公平交易行为。"个别企业为了更好地开展广告业务，在企业内部设立广告公司，这样的广告公司往往并不具备从事广告活动的资质，受经济利益的驱使，它们便采用欺骗手段，用比稿、招标等方式骗取广告公司的策划书、创意文稿，然后改换成自己的作品。比如内蒙古某酒厂自己开了一家内部广告公司，一天，该广告公司为该厂的某一品牌白酒进行广告创意招标，广州某广告公司应征寄去四份创意文稿，但此后便石沉大海。半年以后，广州这家广告公司打电话去询问，厂方广告公司某负责人声称：这四份创意文稿在交由企业董事会讨论时被其他广告公司的创意比下去了。又过了半年多，广州这家广告公司的创意人员偶然间发现，内蒙古电视台为该厂这一品牌白酒播放的电视广告的整个创意基本上全是由他们一年前寄去的那四条创意文稿拼凑而成的。[①]

上面这一事例告诉我们,广告主不仅会坑害消费者,有时连广告人也“骗你没商量”。我们可以再看下面的数字:在原《广告法》正式实行的第一年,也就是1995年,北京市工商局共检查了11200多件广告作品,其中属于违法、虚假广告的有3000多条,所抽查的药品广告和医疗广告中有90%以上是违法、虚假广告;上海市共查处了1500条违法、虚假广告;广东省在所检查的12300多件广告中,有违法、虚假内容的广告占了近一半……[②]20年后的2005年,这一现象并未出现根本好转,虚假广告不仅在数量上有增无减,而且在宣传手法、策划、创意等方面更是玩出了令人眼花缭乱的新招、损招,引诱得无数人上当受骗,书中所举的一个个事例就是最好的证据。因此,打击虚假、违法广告不仅要治标,更要治本,而治本的首要一条就是修改《广告法》,用更具威慑力的法律条款来严厉惩治那些以身试法的骗子。只有这样,才有可能从根本上治理虚假广告。

那么,如何辩证析与治理虚假广告?这一问题是一个需要各方通力合作、合力解决的问题。首先,要让所有从事广告活动的广告主、广告人、广告发布者自觉树立起广告伦理道德意识。真正有了这种意识,广告人和广告发布者就会在自己的心底产生遵守广告伦理道德的理念,就会在进行广告活动时识别出哪些商家想要让其创意制作虚假广告,就会在近乎于本能的驱使下自觉抵制虚假广告业务,把维护消费者利益当作自己应尽的职责。

其次,法律应加大对虚假广告的惩罚力度,在刑法中增加相关条款,对于那些用虚假内容直接危害老百姓身心健康、给消费者利益造成严重损害的广告,必须让相关人员承担相关的刑事责任。在让其承担刑事责任的同时,还要对其造假者处以巨额罚款;如果造假者因为虚假广告既坐牢又被罚得倾家荡产,虚假广告自然就没有了生存的土壤。

再次,要充分利用各种媒体开办相关专题栏目,由专家学者和专业人士教育消费者如何识别虚假广告,结合具体案例辨析虚假广告有哪些迷惑消费者的伪装,以便消费者自己辨别虚假广告,避免上当受骗。

最后,要发动全社会的力量,形成全民动员的声势,使那些危害老百姓的虚假广告成为“过街老鼠”,人人喊打,彻底杜绝虚假广告的生存环境。

毫无疑问,从根本上讲,虚假广告有时候不仅是广告道德丧失的问题,它更直接影响到我国广告业的发展和与国际广告的接轨及比拼。因此,所有广告人一定

---

① 崔银河:《广告创意研究》,远方出版社1998年版,第102页。

② 崔银河:《广告创意研究》,远方出版社1998年版,第103页。

要自觉树立起守法意识，使社会主义市场经济条件下的我国广告业在21世纪有更和谐、更美好的发展前景。

下面我们就来看看广告活动中的几个不正当竞争行为。

1995年，珠海巨人集团生产了一种儿童营养液“巨人吃饭香”，随即投放市场。为了促销，他们在广告上宣传：“据说娃哈哈含有激素，造成小孩早熟，产生许多现代儿童疾病。”这一宣传给杭州娃哈哈集团造成了很坏的影响。娃哈哈集团于1996年6月将巨人集团告上法庭，同时向法庭提供了权威药检部门的检测报告，报告确认娃哈哈儿童营养液不含对人体有害的激素，对儿童成长、发育无任何不利影响。后经法院庭外调解，巨人集团相关负责人于1997年初专程赶往杭州，在有十多家新闻单位记者参加的新闻发布会上公开向娃哈哈集团道歉，并宣布接受法院调解，向娃哈哈集团赔偿200万元经济损失。[①]

在北京几家商场销售的西门子冰箱一度在广告语中夸大功效，因涉嫌不正当竞争而受到北京市海淀工商分局的查处。因为目前世界上还没有任何设备能将肉、蔬菜等易变质食品百分之百地长久保持新鲜，但西门子公司却敢说“长久保持第一天的新鲜”，这种明显的功能夸大对消费者来说就是一种虚假广告，对其他冰箱生产企业来说则构成了不正当竞争。[②]

在1995年发生的矿泉壶大战中，某一厂家生产的某一牌子矿泉壶为了提高自家产品的声誉，不惜在广告中有意贬低另一厂家的矿泉壶，结果引发了一场官司，最终不得不向对方赔款、赔礼道歉。

还有这样一则电视广告，画面上几个年轻人因为买回家的方便面不是自己喜爱的那个品牌，竟然愤愤地将方便面扔在地上用脚使劲踩。这样的广告创意实在是毫无广告道德可言。

2015年9月，就在新修订《广告法》正式实施不久，某市旅社与当地电视媒体联合播出了一则带有明显不正当竞争意味的电视广告，广告中有这样的内容：“常规团队30－40人，我们是全程最多15人精品小团。”“普通旅游团住的都是2星、3星的旅店，我们全程住4星级酒店。”“普通旅行团全程需要跟团旅游，我们可以在巴黎享受一日自由活动。”[③]广告显示其独具的优势原本没错，但是却用和别的旅行社进行比较的方法抬高自己，在我国，这就是一种典型的不正当竞争行为。该广告很快就被当地工商局发现并叫停。

---

① 崔银河：《广告创意研究》，远方出版社1998年版，第123页。

② 崔银河主编：《广告法规与职业道德》，中国传媒大学出版社2008年版，第107页。

③ 大连电视台2015年9月6－15日连续报道。

不仅企业中有屡禁屡犯的不正当竞争行为,在广告业中也有不容忽视的不正当竞争现象。比如有的广告公司为了争取某项广告业务,开出的回扣数额越来越大,有的广告公司甚至提出利润分成、回扣入股的条件。这一现象使得广告制作中实际投入的成本越来越低,广告作品的质量越来越差,观众的广告观赏欲望自然会越来越低。如此恶性循环下去,必然会使观众厌恶所有的广告,进而使广告这一消费者与商品之间不可或缺的中介变成"过街老鼠"。更有一些广告公司采用形形色色的公关手段拉拢、腐蚀广告主,比如或让其游山玩水,或提供境外旅游,或弄来小姐"三陪"……以达到"签单"的目的。这样做的后果不仅会降低广告的质量,更会使许多企业主陷入犯罪的深渊。因此,认真贯彻《反不正当竞争法》,使广告行业通过合法的竞争手段取得利益,制定相应的行业反不正当竞争法等相关法规已经刻不容缓。

这方面,国外有不少反不正当竞争法的成功经验值得我们借鉴。比如美国,不少相关法规规定在比较性广告中不得把竞争对手的产品扔在地上或丢进垃圾箱等。日本也规定,对为了争取某项业务而采用行贿、腐蚀等不正当手段者,除课以高额罚款外,还要对当事者处以三年至七年的徒刑。实际上,早在新中国成立前,我国的许多报馆在广告刊登简章中就曾制定过自律条文,如"有关风化、损害他人名誉或迹近欺骗者概难登照。""伤风败俗,荒谬绝伦,概难接受。""害人贪利之药品,诲盗、诲淫之书籍,以及谈相算命迷信一流之广告亦概不登载。"因此,现代广告人更应尽快建立起新时代的广告道德、广告自律的自觉意识并真正付诸实践。

说到广告自律意识的提升,下面的实例应该引起我们的警觉:1998 年夏天那场我国历史上极为罕见的长江流域大洪水被千百万解放军官兵和人民群众战胜后,中央电视台曾举办过一场大型抗灾义演晚会。晚会上,许多企业家在现场前排座位上频频亮起各自手中花花绿绿的大字牌:××集团捐 1000 万,××企业捐款 500 万,××公司捐款 100 万。奉献爱心,慷慨解囊,这番情景的确令人激动,观众通过屏幕牢牢记住了这些捐赠企业的大名。但是,时间过去了一年、两年……这些企业中有相当一部分只是想借当时那难得的场合为自己的企业做一次隐形广告而已,并未真正把自己许诺的款项捐给灾区。对于这样的广告投机者,我们仅仅从道德上去谴责他们就够了吗?

复习思考题

1. 虚假广告的欺骗性与隐蔽性有哪些新特点?
2. 如何树立起远离虚假广告传播的自觉意识?
3. 为什么说打击违法虚假广告仍然任重道远?

4. 什么是广告活动中的不正当竞争行为？

5. 如何在广告活动中树立起反不正当竞争的自觉意识？

6. 请找出一个不正当竞争的例子并进行分析。

第四节　广告伦理建设与广告职业素养

改革开放的不断深化和社会主义市场经济的建立，使人们的世界观、价值观和利害关系都发生了深刻变化。在这一新形势下，社会主义的商业广告如何在谋取经济效益的同时为社会主义精神文明建设服务，为促进人们高尚情操的形成服务就日益急迫地被提上了广告界的议事日程。但是近些年来违背广告道德、与社会主义精神文明建设背道而驰的广告层出不穷，给广大消费者的身心健康造成了很大的伤害，也在广告业中产生了不小的负面影响。比如有一则电视广告，画面上有一群孩子在进行体检，一个又高又漂亮的女孩用手摸着一个又瘦又黑而且比她低一头的男孩，接着女孩回到家里与父母一起分享"每日第四餐"保健食品。瘦小男孩看到这一情景回过头可怜兮兮地说："妈妈，我也要'每日第四餐'。"这一丑化少年儿童形象、伤害孩子自尊心的广告创意明显有悖于精神文明建设的要求。

此外，有些广告更是利用"准"性、色的创意来诱惑消费者或用一些低级庸俗的东西进行宣传，以达到推销产品的目的，这同样违背了精神文明建设的宗旨。

比如前些年在一些电视广告画面上出现的美女，不是身穿比基尼就是超短式，再不干脆就裸着上身洗浴。本来宣传的是洗发用品，却非要暴露青春女子的玉腿不可；明明是为清凉饮料做广告宣传，画面却是海滩上的一群半裸女孩。据某家报纸报道，某省级电视台举办"十佳"演员评选活动，某服装厂赞助了20万元，但同时提出一个要求，"十佳"演员上台时要穿上该厂制作的旗袍。这要求按说并不过分，但就在女演员穿着该厂制作的旗袍开始拍摄时，创意人员又要求每位女演员必须有一个从旗袍开叉处晃出大腿的镜头。女演员们就此与创意人员发生争执，厂家见状便说"有言在先，不拍不行"，并以撤回赞助费相威胁。

再比如，某电视台在一个胸罩直销广告节目中竟让数位美丽的女孩在众目睽睽下上身只穿文胸半遮半掩地在屏幕上一比高低，并毫不害羞地说"挺挺玉立"，"抚摸的感觉跟真的一样"，"令女人嫉妒，让男人疯狂"，大有下流教唆之嫌。

广东有家报纸曾连续刊登"夫妻夜话""性生活热线""夫妻双人枕"等热线电话广告，毫不顾及此举会诱导青少年走向犯罪。另外，那些肢解成语、生拉硬造、胡编乱造语句、违背社会公德、违反精神文明建设的垃圾广告更需要有关部门大力扫除。1996 年 9 月,上海××胸罩公司向社会公开征集广告语,竟把征来的“××胸罩,一戴添娇”作为最佳广告语。

今天,当你来到一座城市后,常常会在大街上发现“美容按摩,神仙享受”,“老军医专治性病”,“新阿庆嫂招徕顾客”,“夜巴黎让你销魂”等乱七八糟的东西。1995 年 9 月,河南某影院竟然在大厅外广告牌上投放这样的广告:“聪明的人,有知识的人看《真实的谎言》,傻瓜不看。”这一广告简直是对观众人格的污辱。据说当地百姓曾愤怒地砸碎了这块广告牌。

前几年,广州街头曾出现过一幅巨大的招牌广告,画面上一个在浴缸里浸泡自己胴体的漂亮女子正将一条雪白的玉腿高高抬起,旁边有一句语惊四座的广告语“泡的就是你”。可是再看右下方,却打出了一个与广告没有任何联系的产品品牌“来一客”方便面。当然,创意者似乎想在“泡”字上下功夫,试图求得一种诗意在诗外的创意效果。殊不知这样的创意手法从根本上违背了中华民族固有的道德传统和审美观念。最终这则广告遭到了有关部门的封杀。

前段时间,上海地铁某站挂了一块很大的广告牌。上面是五个只穿着几乎透明的比基尼泳装的女孩子,许多乘车的旅客在匆匆经过时一边用手挡住所带孩子的眼睛不让其看这幅太具刺激性的广告,同时自己又情不自禁地偷偷瞟上几眼……这样的广告不但明显违背了社会主义精神文明建设的宗旨,同时也可能给我们这个现代社会带来严重的精神污染和负面效果。

还有一些广告创意明显违背了社会公德与精神文明建设的宗旨,滥用有损国家形象、带有殖民文化色彩或封建色彩的广告招牌,像什么“帝国大厦”“贵族宾馆”“伊丽莎白二世美容院”“皇后夜总会”“王子歌厅”等乌七八糟的东西;还有一份贺卡广告上汉字是“奇士美”,下面的英文却是“KISS ME”(吻我),让人哭笑不得。这些“拉大旗”的创意做法常常适得其反、害人害己。

2005 年春天,根据国家工商行政管理总局《关于开展“打虚假 树诚信”广告专项整治行动的通知》的精神,云南省工商行政管理局积极行动,提出了在云南全省范围内开展“打虚假 树诚信”广告专项整治行动的实施方案,及时对全省工商系统进行了安排,要求全省工商系统加强组织和领导,制定相应的“专项整治”工作方案;建立领导责任制,层层明确责任;建立检查制度,分阶段、分步骤地推进检查,把打击违法虚假广告和加强广告人的职业道德建设落到实处。

精神文明大厦的建设靠的是一砖一瓦的砌垒,而不是空洞的口号。早在 90 多年前鲁迅先生就一再提倡对外国的东西应采取“拿来主义”的方法。他为此说:“对外国的良规,加以发挥这又是一条路。”而把这一条条良规吸收消化,真正为我所用，才是构建社会主义精神文明大厦不可或缺的那一砖一瓦。

在思考一条广告是否符合伦理规范的时候，我们不能只局限于广告本身，还应该考察广告投放的社会环境。不同地区的社会习俗和文化传统会直接影响当地民众对广告的态度，如果广告与当地的社会习俗和文化传统相违背，这样的广告往往就会出现伦理道德问题。因此，在创作广告的过程中，在考虑商品功利诉求的同时，还必须尊重各民族的风俗习惯，注意不同民族、不同国家的禁忌。

例如，有一天，几位外地游客到宁夏回族自治区首府银川市旅游。中午时分，几人肚子饿了，便在街上买了几个猪蹄用透明塑料袋装着来到一家清真饭馆坐下准备进午餐。但还未等他们在椅子上坐稳，就被服务员赶了出来，放在饭桌上的猪蹄也被服务员扔到了马路上：原来这几位外地游客在不知情的情况下触犯了伊斯兰教的宗教忌讳。①

同理，如果广告创意人员不了解或者忽视不同民族的忌讳，也会直接导致广告宣传活动的失败。1989 年，世界著名性感歌星麦当娜为百事可乐公司拍摄了《像个祈祷者》的广告片，随后因麦当娜在另外一支 MTV 片中有玷污宗教的情节而连累到该广告片被停播，350 万美元的制作费付诸东流。

这样的例子还可举出许多。日本丰田公司曾在澳大利亚发布过这样一则广告，画面上是一位孕妇正腆着大肚子坐在丰田轿车里，广告语是“没有比坐丰田宽体轿车更舒服的了”。广告创意本想表现丰田公司新开发的这一品牌轿车宽敞、舒适的特点，没想到这却冒犯了澳大利亚妇女的尊严，违反了澳大利亚广告法，遭到了澳大利亚妇女的投诉。不久，丰田公司又在南非发布了一则电视广告，为了充分表现出丰田公司新开发的小吨位卡车行驶平稳、牵引性能好的特点，在画面上出现的是将这一牌子的汽车与站立不稳的猪蹄子相比的诙谐广告。这则广告又引起了南非穆斯林群众的强烈抗议，丰田公司除了公开道歉认错外，还得把广告上的猪改成鸡。

日本索尼公司曾经在泰国发布过一则电视广告：画面上，佛祖释迦牟尼安详侧卧，双目紧闭，进入四大皆空的境界。这时，从画面上方置放的索尼牌收录机里传出美妙的音乐，佛祖听后居然凡心涌动、凡念俱生，身体开始把持不住，随着音乐的节奏来回摆动，最后居然睁开了眼睛。这则广告的创意本来只是想宣传索尼收录机的音响效果如何好，好得竟让佛祖动了心，万万没想到这样的创意恰恰忽视了以佛教为国教的泰国百姓的宗教情结。此事不仅激起了泰国百姓的极大愤慨，连泰国政府也大为恼火，当即通过外交途径向日本索尼公司提出抗议。索尼公司这时才

---

① 崔银河：《广告创意研究》，远方出版社 1998 年版，第 110 页。

猛然醒悟,连忙向泰国人民道歉,并马上停播了这一耗费巨资制作的广告。

2003年12月,《汽车之友》杂志刊登了日本丰田公司霸道牌汽车的一则广告:一辆霸道汽车停在两只石狮前面,一只石狮抬起右爪做敬礼状,另一只石狮向下俯首,广告语为“霸道,你不得不尊敬”。广告背景看上去像卢沟桥,石狮也似乎是卢沟桥上的石狮。广告一经发布便立即引起了社会各界的强烈反响,这不明明是含沙射影吗?这不明明是污辱中国人吗?

同样,另一则“立邦漆滑落中国龙”的广告也引起了许多公众的不满。2004年9月出版的《国际广告》杂志第48页刊登了一则名为“龙篇”的立邦漆广告,画面上有一座中国古典式亭子,亭子的两根立柱上面各盘绕着一条龙,左立柱色彩黯淡,但这条龙紧紧攀附在柱子上;右立柱色彩光鲜,那条龙却蜷缩成一团跌落在地。其含意是右立柱因为涂抹了立邦漆,龙都滑了下来。这则广告发布后立刻在社会上引起了轩然大波。正如网络上的报道中所说:“敏感的中国人很容易把两则广告联系在一起,更会联想到许多历史性镜头。这绝不是普通的商业广告,其间很有可能包藏着别的什么意图?日本丰田要‘霸道’什么?日本‘立邦漆’干吗要让中国龙‘滑落’?广大群众普遍的看法是,两则广告不但容易引起歧义,而且明显具有侮辱性和挑战意味,无非是说今天北京城卢沟桥的石狮在向日本丰田‘霸道’汽车低头敬礼,‘立邦漆’‘牛’得能让中国龙‘俯首称臣’。这是在严重侮辱中国人的感情和民族尊严!这是在炫耀大和民族‘优越’,贬低中华民族‘低下’!”这种带有明显挑衅意味的广告比所谓的“大东亚共荣”还要赤裸和狰狞,当然会激起许多有血性的中国人的极大愤慨。

曾在中央电视台播放的耐克“恐惧斗室”电视广告同样有明显违背中华民族情感的内容,画面中的NBA球星詹姆斯与身穿长袍的中国人模样的老者“争斗”,詹姆斯将老者击倒,身穿中国服装的妇女(与敦煌壁画中的飞天造型极其相似)暧昧地向詹姆斯展开双臂。随着詹姆斯扣碎篮板,“飞天形象”随之粉碎。篮板旁出现了两条中国龙的形象,二龙吐出烟雾……据说这则广告耗资1亿美元并在亚洲地区热播,中央电视台体育频道和各省市电视台也曾经播出过。该广告的播出在亚洲各国各民族间引起了轩然大波。新加坡当地的华裔联名向政府请愿,要求对耐克的这则广告进行“严打”。这则电视广告之所以在中国引起了轩然大波,其中一个原因就是耐克公司在制作这条广告时为博取中国消费者的青睐而硬生生地在其中添加了不适当的中国元素。现在,经济全球化的趋势越来越明显,跨国企业在进行产品宣传的时候一定要了解当地的风俗习惯和文化传统,要正视文化差异,在法律允许的范围内做事,不要刻意标新立异,触犯不同地区的伦理禁忌。

在民族忌讳方面，我们中华民族历来崇尚黄色，认为这是崇高、尊严的象征，因此国旗上的五星被确定为黄色。但以色列人则把黄色看成不祥的象征，埃塞俄比亚更是将黄色视为丧色。法国人喜爱蓝色，国旗是蓝、白、红三色，过重大节日时报纸标题也喜欢套上蓝色，而瑞典人却忌讳蓝色，埃及人则视蓝色为噩梦的象征。在东南亚和印度等地，人们非常崇拜大象，但英国则视白色大象为“大而无用”的东西。菊花被意大利人奉为国花，但法国人却觉得菊花是不吉利的象征。仙鹤在日本和我国被视为长寿的象征，但在法国却被当作蠢汉与淫妇的代名词。我国有一种“山羊牌”闹钟出口时翻译成英文“Goat”，而英国人对这个词的理解则是“替罪羊”“好色”，这种闹钟谁敢买。

广告创意如果触犯了民族忌讳，不仅会导致整个广告宣传活动的失败，甚至会产生不良的国际影响与纠纷。这就要求广告人一方面要努力加强自身文化基本功的训练，通过不断、广泛的学习来提高自身的文化素质与修养，同时要广泛了解各个国家、不同民族的风俗和忌讳；另一方面在广告创意与制作中广告人要注意尊重各民族间的不同风尚与宗教信仰，以使自己的广告作品真正贴合各不同民族的文化。

现代广告业是一个融各种高科技手段、知识与技术为一体的行业，现代广告更是全球化大市场环境下的经营运作。这就要求广告人努力学习多种知识与文化，认真钻研业务技术，自觉培养、不断增强自己的综合素养，使自己的广告理念、广告技巧等都得到真正的提高，从而更好地应对全球化经济发展趋势的挑战。

广告大师奥格威曾说过：“广告人不要做无法向自己妻儿传播的广告。”这句话就是在告诫广告人在从事广告活动时应遵守应有的职业道德。随着我国改革开放的不断深化和社会主义市场经济的日益繁荣，今天的我们不仅生活在一个信息爆炸的时代，更生活在一个广告泛滥的时代，越来越多“无法向自己妻儿传播的广告”出现了。在这种情况下，树立正确的广告伦理观念、加强广告人的职业素养就显得尤为重要。

“做正确的事”是一个基本的伦理观念。那么，什么样的广告才是正确的呢？我们可以从信息是否真实、产品是否有害、受众如何反应这三方面来思考。

无论是感性诉求类广告还是理性诉求类广告，它们在传播过程中都会向消费者传递信息，这样的信息其实是企业的一种广告承诺，这样的承诺往往是消费者购买该商品的原因。如果广告向消费者传递了片面甚至虚假的信息，这样的广告就无疑是在欺骗消费者。“胃不好，总是不舒服，猴菇饼干，猴头菇制成，上午吃一点，下午吃一点，养胃！”2013 年江中集团推出的“功效食品”猴菇饼干邀请影视明星徐静蕾为代言人，以“养胃”为该产品的最大卖点。事实上，江中集团宣传的该饼干的胃肠疾病保健作用并没有得到医学机构的确认,该饼干也没有获得保健产品批号。在这种情况下,该产品只是一种普通食品,擅自宣称猴菇饼干有保健功效,无疑是向消费者传递了虚假信息。这种不道德的广告行为既违反了广告伦理,也触犯了国家法律。[①]

产品是否有害包含了两层含义:一是产品或服务是否是消费者不需要的;二是产品或服务是否会对消费者产生不利的影响。

20 世纪 80 年代中期,雷诺轿车就在广告中公然宣称“你就是你的座驾”。这样的广告语是在向消费者传递一种价值观,即你的身份是通过你所拥有的东西体现出来的。当“少年卖肾买苹果产品”的新闻被媒体报道出来的时候,舆论哗然。对于这件事情,我们除了批判少年的不成熟外,也应该反思媒体对苹果产品的刻意宣传。苹果本身是一种电子产品,但在媒体的包装下,它居然成了身份的象征,进而导致消费者盲目追求苹果产品,这样的宣传实际上是违反广告伦理的。[②]

邀请名人做广告是很常见的一种证言式宣传手段,被邀请的名人往往对某个特定的消费群体比较有号召力。出于对名人的信任,消费者很容易对其代言的产品产生好感,进而付诸购买行为。如果名人代言的产品或服务本身会对消费者造成不利影响,那么这样的名人广告的危害就是巨大的。[③]

评判一则广告是否符合伦理规范的另一个标准是受众反应:如果一则广告让多数受众感到不适或不快,那么这样的广告通常就是违反广告伦理的。2013 年 1 月,一名家长带着 5 岁大的孩子乘坐广州地铁,在铁岗顶站内行至负一层时,孩子被《中国好声音》歌手吴莫愁代言的广告吓哭了,因为在这则广告里吴莫愁的脸部被放大,烈焰红唇极其夸张,双眼半闭半睁大小不一。不仅小孩被吓哭,沈阳一名成年网友也在微博中表示自己被吴莫愁的广告吓到了。广告是媒介产品的一种,任何媒介产品都具有双重属性,即商业属性和文化属性。既然广告具有文化属性,它就应该符合大多数人的审美需求,如果一则广告只能让受众产生负面情绪,这样的广告就是违反广告伦理规范的。

事实上,判断一则广告是否符合伦理规范并不是一件难事,真正的难事是如何权衡伦理和利益之间的关系,让广告公司制作出既满足广告主宣传需要,又不违背伦理道德而被大多数消费者认可的广告。“道义论”和“效果论”的博弈是广告中经常出现的问题,企业为了追求更大的收益,有时会制作不符合伦理观念但

---

① 谭子娣:《当前广告伦理失范原因分析及对策研究》,中共广东省委党校学位论文。

② 崔银河:《广告创意研究》,远方出版社 1998 年版,第 127 页。

③ 崔银河:《广告创意研究》,远方出版社 1998 年版,第 128 页。

回报高的广告。比如2015年发生在北京三里屯的“优衣库事件”。无论从哪个角度分析“优衣库事件”，它都是一个不符合伦理规范的事件。但是，因为这个事件热度高、影响力大，所以很多企业利用这个事件借势营销，百度卫士打出的广告语是“最you的保护，简单可yi赖，更ku更懂你”；慕思寝具打出的广告语是“用慕思，爱，不必在试衣间！”这种新奇时髦的广告很受年轻人的喜爱，但其本质却是低俗的。

中国的企业特别是互联网企业首先应该明确一点：并非每个热点都能被企业用来做营销，企业在跟进热点的时候必须要有所选择，一些热点事件完全违背了社会伦理规范，如果企业不加分辨地盲目追随热点，就很容易招致消费者的批判。

杜蕾斯公司在借势营销方面是成功的典范，该公司会对热点事件进行筛选，然后结合自己的产品特点进行广告宣传。2012年奥运会上，刘翔因伤摔倒，于是走完全程，随后杜蕾斯就在自己的官方微博上发出了“最快的男人并不是最好的，坚持到底才是强大的男人！”的广告语。

2014年，中国网球选手李娜退役，杜蕾斯发布了“一路有李，娜就很好”的广告语。这样的广告语设计精巧，同时也传播了正能量，每个消费者在看到杜蕾斯文案广告后都会心生暖意。作为一家生产避孕套的企业，面对“优衣库事件”这一与自己企业产品密切相关的热门话题，杜蕾斯并没有选择利用该事件进行借势营销，这就是一家企业的社会责任意识的体现。广告效果是即时性与滞后性的矛盾统一体，企业在发布广告的时候，不能只顾眼前利益而忽视长远利益。如果一家企业依靠违反伦理规范的广告赢取短暂的利润，其未来的形象就很可能同时被自己败坏。

西方伦理学家罗尔斯认为，道德对象的范围是随着历史的发展而逐渐扩大的。以前，人类的伦理观念被局限在部落、家庭的范围内；现在，我们人类的伦理观念已扩大到国家、种族的层面；将来，伦理学的范围还会不断扩大，或许会包含整个宇宙。在这种情况下，生态伦理学也是企业做广告时必须考虑的。以无印良品为例，2015年，无印良品官网上出现了这样一段话语：“如果没有人类，地球将会怎样？一处辽阔的海域，极富震撼力的自然景观给出了最好例证。由1万3千个岛屿组成的印度尼西亚，其东部的‘拉贾安帕特群岛’位于版图形态酷似秃鹫的新几内亚岛的‘喙’部，太平洋和印度洋在这片海域融汇，被誉为是地球上海洋生物种类最多的地区。除了如群生蘑菇般从海中突起的岛屿堪称绝景外，潜入岛屿周边的浅海，眼前一望无际的珊瑚礁更是美得令人窒息。照片捕捉到了海、陆、空浑然一体的地球美景，仿佛再现了远古时代人类诞生前的景象。这就能让人直觉地感到：我们赖以生存的环境正是来自于生命的竞相繁盛。无印良品试着将这样的风景收录到照片中。艺术的模本总是源于大自然。无印良品不仅只有米色和灰色,我们将持久关注天然材料,永远保持着竞相繁盛的生命所编制出的地球的颜色。”在这段话的上方,配有印度尼西亚岛屿的图片,每一幅图片都如梦似幻、非常美丽,看过这样的广告,每个消费者自然会从心里感到无印良品是一家有社会责任感的企业。爱护自然环境是每个公民的责任,当企业把保护环境与产品宣传联系在一起的时候,不仅能够提升企业自身的形象,还可以培养忠实的购买群体。

值得一提的是,不要认为只有公益广告才能反映环境问题,事实上,每个企业都有责任向消费者传递环境保护方面的信息。缺乏社会责任感的企业永远无法提高自己的声誉。当一个企业花费时间、精力向民众传递积极向上的价值观的时候,这个企业就是在为自己的可持续发展奠定基础。

不可否认,目前我国广告行业还没有达到水平高、质量高的境界。在这种情况下,要提高广告的伦理水平,一方面要依靠广告人的行业自律,另一方面则要依靠法律的外部管理。

广告行业自律是提高中国广告行业道德伦理水平的关键,因为法律打击的是“黑色区域”,而道德约束的是“灰色区域”。在追逐利益的过程中,很多人会钻法律的空子,因此个人自律、行业自律在这种情况下就显得非常重要。

个人自律要求广告主加强社会责任意识。美国营销伦理学家华莱斯克斯(Valesques)曾提出“社会责任观”——生产者要为产品出现的任何问题负责。在实际操作中,广告主应该树立大局观念,不要被蝇头小利所迷惑,为短期利益铤而走险,结果丧失企业的信誉。

行业自律要求广告行业成立非官方的自律组织。以美国为例,美国是全世界广告业最发达的国家,全国广告审查理事会(NARC)、全国广告处(NAD)、商业促进局(BBB)、全国广告审查委员会(NARB)等都是美国的广告行业自律组织。全国广告审查理事会负责制定广告行业自律指南,为广告的真实性和准确性制定标准;全国广告处负责监督整个广告行业,主动监察广告内容并接受消费者或竞争企业对某个产品的投诉;商业促进局负责调解消费者与企业之间的纠纷;全国广告审查委员会是广告行业的“终审机构”,负责调解不服全国广告处调解的纠纷。美国的广告自律组织机构完善,具有效率高、权威强、成本低的突出特点,消费者通过这样的自律组织可以很好地维护自身权益。

当行业自身的伦理约束无法解决消费者或竞争企业与广告主之间的纠纷时,法律手段便开始发挥作用了。2015 年我国颁布了新修订《广告法》,这说明在新的历史背景下,国家对广告行业加强了监督。新修订《广告法》刚颁布的时候,因为出现了一批“新《广告法》禁用词汇”而受到很多网友的关注。比如,与“最”有关的词汇(如最佳、最具、最爱),与"一"有关的词汇(如中国第一、全网第一、销量第一),与"级/极"有关的词汇(如全球级、宇宙级、世界级)。这些词汇反映的信息基本上都是夸张的,不能反映产品的真实信息。一些与欺诈有关的词汇(如秒杀、抢爆、恭喜获奖、全民免单)会诱使消费者购买他们不需要的产品,这样的产品对消费者而言就是有害的。一些与时间有关的词汇(如随时结束、随时涨价、马上降价等)是在变相威胁消费者,会让消费者产生负面情绪。

除此之外,新修订《广告法》也对互联网广告、儿童广告、地产广告、名人广告等进行了约束。法律的一大作用是导向,日本东京大学教授太田胜造曾举过这样一个例子:在深夜绝对没有车的时候,很多人过马路是不看红绿灯的,这样的行为虽然违反《交通法》,但却依然存在。这能说明《交通法》禁止闯红灯的条例是没有意义的吗?新修订《广告法》颁布后,虽然有部分商家依然"我行我素",对涉嫌违法的广告不撤换也不修改广告语,但消费者至少有了评判标准。这个社会有能做的事,也有不能做的事。法律既具有导向性,也可以传递信息,让大家分辨到底什么是好、什么是坏。工商部门不可能处罚每一家违反《广告法》的企业,但消费者遍布整个社会,一旦他们的自我保护意识提高,整个广告行业的风气就会发生变化。

总的来说,消费者、广告主、广告经营者、广告发布者都可以从信息是否真实、产品是否有害、受众如何反应这三方面来分析一则广告是否违背广告伦理,儿童广告、女性广告和比较广告是非常值得注意的三种广告类型,因为违反广告伦理的广告大多属于这三类。广告主和广告经营者制作的广告必须符合所投放地区的文化习俗和社会规范,触犯当地伦理禁忌会给企业造成严重的伤害。随着科技的发展,人类能够到达的空间范围不断扩大,树立环保理念,制作传播正能量的广告是每个企业的社会责任,但在追逐利益的过程中,企业很容易迷失自我。在这种情况下,加强个人自律和行业自律,加强法律监管就变得非常重要了。伦理道德大厦的建设靠的是一砖一瓦的砌垒,在大家的共同努力下,广告行业的伦理道德水平会越来越高,符合社会主义精神文明的广告也会不断涌现。

复习思考题

1. 请谈谈你对诚信广告的认识。
2. 在广告创意中"尊重民族忌讳"应注意哪些方面?
3. 你认为应该采取哪些措施来提升广告人的职业素养?
4. 请写一篇一千字以上的感想,谈谈精神文明建设在现代广告活动中的重要作用。

附录一

中华人民共和国广告法(2015 年修订)

(1994 年 10 月 27 日第八届全国人民代表大会常务委员会第十次会议通过 2015 年 4 月 24 日第十二届全国人民代表大会常务委员会第十四次会议修订 自 2015 年 9 月 1 日施行)

第一章　总则

第一条　为了规范广告活动,保护消费者的合法权益,促进广告业的健康发展,维护社会经济秩序,制定本法。

第二条　在中华人民共和国境内,商品经营者或者服务提供者通过一定媒介和形式直接或者间接地介绍自己所推销的商品或者服务的商业广告活动,适用本法。

本法所称广告主,是指为推销商品或者服务,自行或者委托他人设计、制作、发布广告的自然人、法人或者其他组织。

本法所称广告经营者,是指接受委托提供广告设计、制作、代理服务的自然人、法人或者其他组织。

本法所称广告发布者,是指为广告主或者广告主委托的广告经营者发布广告的自然人、法人或者其他组织。

本法所称广告代言人,是指广告主以外的,在广告中以自己的名义或者形象对商品、服务作推荐、证明的自然人、法人或者其他组织。

第三条　广告应当真实、合法,以健康的表现形式表达广告内容,符合社会主义精神文明建设和弘扬中华民族优秀传统文化的要求。

第四条　广告不得含有虚假或者引人误解的内容,不得欺骗、误导消费者。

广告主应当对广告内容的真实性负责。

第五条　广告主、广告经营者、广告发布者从事广告活动,应当遵守法律、法规,诚实信用,公平竞争。

第六条　国务院工商行政管理部门主管全国的广告监督管理工作,国务院有关部门在各自的职责范围内负责广告管理相关工作。

县级以上地方工商行政管理部门主管本行政区域的广告监督管理工作，县级以上地方人民政府有关部门在各自的职责范围内负责广告管理相关工作。

第七条　广告行业组织依照法律、法规和章程的规定，制定行业规范，加强行业自律，促进行业发展，引导会员依法从事广告活动，推动广告行业诚信建设。

第二章　广告内容准则

第八条　广告中对商品的性能、功能、产地、用途、质量、成分、价格、生产者、有效期限、允诺等或者对服务的内容、提供者、形式、质量、价格、允诺等有表示的，应当准确、清楚、明白。

广告中表明推销的商品或者服务附带赠送的，应当明示所附带赠送商品或者服务的品种、规格、数量、期限和方式。

法律、行政法规规定广告中应当明示的内容，应当显著、清晰表示。

第九条　广告不得有下列情形：

(一)使用或者变相使用中华人民共和国的国旗、国歌、国徽，军旗、军歌、军徽；

(二)使用或者变相使用国家机关、国家机关工作人员的名义或者形象；

(三)使用“国家级”、“最高级”、“最佳”等用语；

(四)损害国家的尊严或者利益，泄露国家秘密；

(五)妨碍社会安定，损害社会公共利益；

(六)危害人身、财产安全，泄露个人隐私；

(七)妨碍社会公共秩序或者违背社会良好风尚；

(八)含有淫秽、色情、赌博、迷信、恐怖、暴力的内容；

(九)含有民族、种族、宗教、性别歧视的内容；

(十)妨碍环境、自然资源或者文化遗产保护；

(十一)法律、行政法规规定禁止的其他情形。

第十条　广告不得损害未成年人和残疾人的身心健康。

第十一条　广告内容涉及的事项需要取得行政许可的，应当与许可的内容相符合。

广告使用数据、统计资料、调查结果、文摘、引用语等引证内容的，应当真实、准确，并表明出处。引证内容有适用范围和有效期限的，应当明确表示。

第十二条　广告中涉及专利产品或者专利方法的，应当标明专利号和专利种类。

未取得专利权的，不得在广告中谎称取得专利权。

禁止使用未授予专利权的专利申请和已经终止、撤销、无效的专利作广告。

第十三条　广告不得贬低其他生产经营者的商品或者服务。

第十四条　广告应当具有可识别性，能够使消费者辨明其为广告。

大众传播媒介不得以新闻报道形式变相发布广告。通过大众传播媒介发布的广告应当显著标明“广告”，与其他非广告信息相区别，不得使消费者产生误解。

广播电台、电视台发布广告,应当遵守国务院有关部门关于时长、方式的规定,并应当对广告时长作出明显提示。

第十五条 麻醉药品、精神药品、医疗用毒性药品、放射性药品等特殊药品,药品类易制毒化学品,以及戒毒治疗的药品、医疗器械和治疗方法,不得作广告。

前款规定以外的处方药,只能在国务院卫生行政部门和国务院药品监督管理部门共同指定的医学、药学专业刊物上作广告。

第十六条 医疗、药品、医疗器械广告不得含有下列内容:

(一)表示功效、安全性的断言或者保证;

(二)说明治愈率或者有效率;

(三)与其他药品、医疗器械的功效和安全性或者其他医疗机构比较;

(四)利用广告代言人作推荐、证明;

(五)法律、行政法规规定禁止的其他内容。

药品广告的内容不得与国务院药品监督管理部门批准的说明书不一致,并应当显著标明禁忌、不良反应。处方药广告应当显著标明"本广告仅供医学药学专业人士阅读",非处方药广告应当显著标明"请按药品说明书或者在药师指导下购买和使用"。

推荐给个人自用的医疗器械的广告,应当显著标明"请仔细阅读产品说明书或者在医务人员的指导下购买和使用"。医疗器械产品注册证明文件中有禁忌内容、注意事项的,广告中应当显著标明"禁忌内容或者注意事项详见说明书"。

第十七条 除医疗、药品、医疗器械广告外,禁止其他任何广告涉及疾病治疗功能,并不得使用医疗用语或者易使推销的商品与药品、医疗器械相混淆的用语。

第十八条 保健食品广告不得含有下列内容:

(一)表示功效、安全性的断言或者保证;

(二)涉及疾病预防、治疗功能;

(三)声称或者暗示广告商品为保障健康所必需;

(四)与药品、其他保健食品进行比较;

(五)利用广告代言人作推荐、证明;

(六)法律、行政法规规定禁止的其他内容。

保健食品广告应当显著标明"本品不能代替药物"。

第十九条 广播电台、电视台、报刊音像出版单位、互联网信息服务提供者不得以介绍健康、养生知识等形式变相发布医疗、药品、医疗器械、保健食品广告。

第二十条 禁止在大众传播媒介或者公共场所发布声称全部或者部分替代母乳的婴儿乳制品、饮料和其他食品广告。

第二十一条 农药、兽药、饲料和饲料添加剂广告不得含有下列内容:

(一)表示功效、安全性的断言或者保证;

(二)利用科研单位、学术机构、技术推广机构、行业协会或者专业人士、用户的名义或者形象作推荐、证明；

(三)说明有效率；

(四)违反安全使用规程的文字、语言或者画面；

(五)法律、行政法规规定禁止的其他内容。

第二十二条　禁止在大众传播媒介或者公共场所、公共交通工具、户外发布烟草广告。禁止向未成年人发送任何形式的烟草广告。

禁止利用其他商品或者服务的广告、公益广告，宣传烟草制品名称、商标、包装、装潢以及类似内容。

烟草制品生产者或者销售者发布的迁址、更名、招聘等启事中，不得含有烟草制品名称、商标、包装、装潢以及类似内容。

第二十三条　酒类广告不得含有下列内容：

(一)诱导、怂恿饮酒或者宣传无节制饮酒；

(二)出现饮酒的动作；

(三)表现驾驶车、船、飞机等活动；

(四)明示或者暗示饮酒有消除紧张和焦虑、增加体力等功效。

第二十四条　教育、培训广告不得含有下列内容：

(一)对升学、通过考试、获得学位学历或者合格证书，或者对教育、培训的效果作出明示或者暗示的保证性承诺；

(二)明示或者暗示有相关考试机构或者其工作人员、考试命题人员参与教育、培训；

(三)利用科研单位、学术机构、教育机构、行业协会、专业人士、受益者的名义或者形象作推荐、证明。

第二十五条　招商等有投资回报预期的商品或者服务广告，应当对可能存在的风险以及风险责任承担有合理提示或者警示，并不得含有下列内容：

(一)对未来效果、收益或者与其相关的情况作出保证性承诺，明示或者暗示保本、无风险或者保收益等，国家另有规定的除外；

(二)利用学术机构、行业协会、专业人士、受益者的名义或者形象作推荐、证明。

第二十六条　房地产广告，房源信息应当真实，面积应当表明为建筑面积或者套内建筑面积，并不得含有下列内容：

(一)升值或者投资回报的承诺；

(二)以项目到达某一具体参照物的所需时间表示项目位置；

(三)违反国家有关价格管理的规定；

(四)对规划或者建设中的交通、商业、文化教育设施以及其他市政条件作误导宣传。

第二十七条　农作物种子、林木种子、草种子、种畜禽、水产苗种和种养殖广告关于品种名称、生产性能、生长量或者产量、品质、抗性、特殊使用价值、经济价值、适宜种植或者养殖的范围和条件等方面的表述应当真实、清楚、明白，并不得含有下列内容：

(一)作科学上无法验证的断言;

(二)表示功效的断言或者保证;

(三)对经济效益进行分析、预测或者作保证性承诺;

(四)利用科研单位、学术机构、技术推广机构、行业协会或者专业人士、用户的名义或者形象作推荐、证明。

第二十八条 广告以虚假或者引人误解的内容欺骗、误导消费者的,构成虚假广告。

广告有下列情形之一的,为虚假广告:

(一)商品或者服务不存在的;

(二)商品的性能、功能、产地、用途、质量、规格、成分、价格、生产者、有效期限、销售状况、曾获荣誉等信息,或者服务的内容、提供者、形式、质量、价格、销售状况、曾获荣誉等信息,以及与商品或者服务有关的允诺等信息与实际情况不符,对购买行为有实质性影响的;

(三)使用虚构、伪造或者无法验证的科研成果、统计资料、调查结果、文摘、引用语等信息作证明材料的;

(四)虚构使用商品或者接受服务的效果的;

(五)以虚假或者引人误解的内容欺骗、误导消费者的其他情形。

第三章　广告行为规范

第二十九条 广播电台、电视台、报刊出版单位从事广告发布业务的,应当设有专门从事广告业务的机构,配备必要的人员,具有与发布广告相适应的场所、设备,并向县级以上地方工商行政管理部门办理广告发布登记。

第三十条 广告主、广告经营者、广告发布者之间在广告活动中应当依法订立书面合同。

第三十一条 广告主、广告经营者、广告发布者不得在广告活动中进行任何形式的不正当竞争。

第三十二条 广告主委托设计、制作、发布广告,应当委托具有合法经营资格的广告经营者、广告发布者。

第三十三条 广告主或者广告经营者在广告中使用他人名义或者形象的,应当事先取得其书面同意;使用无民事行为能力人、限制民事行为能力人的名义或者形象的,应当事先取得其监护人的书面同意。

第三十四条 广告经营者、广告发布者应当按照国家有关规定,建立、健全广告业务的承接登记、审核、档案管理制度。

广告经营者、广告发布者依据法律、行政法规查验有关证明文件,核对广告内容。对内容不符或者证明文件不全的广告,广告经营者不得提供设计、制作、代理服务,广告发布者不得发布。

第三十五条 广告经营者、广告发布者应当公布其收费标准和收费办法。

第三十六条 广告发布者向广告主、广告经营者提供的覆盖率、收视率、点击率、发行量等资料应当真实。

第三十七条　法律、行政法规规定禁止生产、销售的产品或者提供的服务，以及禁止发布广告的商品或者服务，任何单位或者个人不得设计、制作、代理、发布广告。

第三十八条　广告代言人在广告中对商品、服务作推荐、证明，应当依据事实，符合本法和有关法律、行政法规规定，并不得为其未使用过的商品或者未接受过的服务作推荐、证明。

不得利用不满十周岁的未成年人作为广告代言人。

对在虚假广告中作推荐、证明受到行政处罚未满三年的自然人、法人或者其他组织，不得利用其作为广告代言人。

第三十九条　不得在中小学校、幼儿园内开展广告活动，不得利用中小学生和幼儿的教材、教辅材料、练习册、文具、教具、校服、校车等发布或者变相发布广告，但公益广告除外。

第四十条　在针对未成年人的大众传播媒介上不得发布医疗、药品、保健食品、医疗器械、化妆品、酒类、美容广告，以及不利于未成年人身心健康的网络游戏广告。

针对不满十四周岁的未成年人的商品或者服务的广告不得含有下列内容：

(一)劝诱其要求家长购买广告商品或者服务；

(二)可能引发其模仿不安全行为。

第四十一条　县级以上地方人民政府应当组织有关部门加强对利用户外场所、空间、设施等发布户外广告的监督管理，制定户外广告设置规划和安全要求。

户外广告的管理办法，由地方性法规、地方政府规章规定。

第四十二条　有下列情形之一的，不得设置户外广告：

(一)利用交通安全设施、交通标志的；

(二)影响市政公共设施、交通安全设施、交通标志、消防设施、消防安全标志使用的；

(三)妨碍生产或者人民生活，损害市容市貌的；

(四)在国家机关、文物保护单位、风景名胜区等的建筑控制地带，或者县级以上地方人民政府禁止设置户外广告的区域设置的。

第四十三条　任何单位或者个人未经当事人同意或者请求，不得向其住宅、交通工具等发送广告，也不得以电子信息方式向其发送广告。

以电子信息方式发送广告的，应当明示发送者的真实身份和联系方式，并向接收者提供拒绝继续接收的方式。

第四十四条　利用互联网从事广告活动，适用本法的各项规定。

利用互联网发布、发送广告，不得影响用户正常使用网络。在互联网页面以弹出等形式发布的广告，应当显著标明关闭标志，确保一键关闭。

第四十五条　公共场所的管理者或者电信业务经营者、互联网信息服务提供者对其明知或者应知的利用其场所或者信息传输、发布平台发送、发布违法广告的，应当予以制止。

第四章　监督管理

第四十六条　发布医疗、药品、医疗器械、农药、兽药和保健食品广告，以及法律、行政法规规定应当进行审查的其他广告,应当在发布前由有关部门(以下称广告审查机关)对广告内容进行审查;未经审查,不得发布。

第四十七条 广告主申请广告审查,应当依照法律、行政法规向广告审查机关提交有关证明文件。

广告审查机关应当依照法律、行政法规规定作出审查决定,并应当将审查批准文件抄送同级工商行政管理部门。广告审查机关应当及时向社会公布批准的广告。

第四十八条 任何单位或者个人不得伪造、变造或者转让广告审查批准文件。

第四十九条 工商行政管理部门履行广告监督管理职责,可以行使下列职权:

(一)对涉嫌从事违法广告活动的场所实施现场检查;

(二)询问涉嫌违法当事人或者其法定代表人、主要负责人和其他有关人员,对有关单位或者个人进行调查;

(三)要求涉嫌违法当事人限期提供有关证明文件;

(四)查阅、复制与涉嫌违法广告有关的合同、票据、账簿、广告作品和其他有关资料;

(五)查封、扣押与涉嫌违法广告直接相关的广告物品、经营工具、设备等财物;

(六)责令暂停发布可能造成严重后果的涉嫌违法广告;

(七)法律、行政法规规定的其他职权。

工商行政管理部门应当建立健全广告监测制度,完善监测措施,及时发现和依法查处违法广告行为。

第五十条 国务院工商行政管理部门会同国务院有关部门,制定大众传播媒介广告发布行为规范。

第五十一条 工商行政管理部门依照本法规定行使职权,当事人应当协助、配合,不得拒绝、阻挠。

第五十二条 工商行政管理部门和有关部门及其工作人员对其在广告监督管理活动中知悉的商业秘密负有保密义务。

第五十三条 任何单位或者个人有权向工商行政管理部门和有关部门投诉、举报违反本法的行为。工商行政管理部门和有关部门应当向社会公开受理投诉、举报的电话、信箱或者电子邮件地址,接到投诉、举报的部门应当自收到投诉之日起七个工作日内,予以处理并告知投诉、举报人。

工商行政管理部门和有关部门不依法履行职责的,任何单位或者个人有权向其上级机关或者监察机关举报。接到举报的机关应当依法作出处理,并将处理结果及时告知举报人。

有关部门应当为投诉、举报人保密。

第五十四条 消费者协会和其他消费者组织对违反本法规定,发布虚假广告侵害消费者合法权益,以及其他损害社会公共利益的行为,依法进行社会监督。

第五章 法律责任

第五十五条 违反本法规定,发布虚假广告的,由工商行政管理部门责令停止发布广告,责令广告主在相应范围内消除影响，处广告费用三倍以上五倍以下的罚款，广告费用无法计算或者明显偏低的，处二十万元以上一百万元以下的罚款；两年内有三次以上违法行为或者有其他严重情节的，处广告费用五倍以上十倍以下的罚款，广告费用无法计算或者明显偏低的，处一百万元以上二百万元以下的罚款，可以吊销营业执照，并由广告审查机关撤销广告审查批准文件，一年内不受理其广告审查申请。

医疗机构有前款规定违法行为，情节严重的，除由工商行政管理部门依照本法处罚外，卫生行政部门可以吊销诊疗科目或者吊销医疗机构执业许可证。

广告经营者、广告发布者明知或者应知广告虚假仍设计、制作、代理、发布的，由工商行政管理部门没收广告费用，并处广告费用三倍以上五倍以下的罚款，广告费用无法计算或者明显偏低的，处二十万元以上一百万元以下的罚款；两年内有三次以上违法行为或者有其他严重情节的，处广告费用五倍以上十倍以下的罚款，广告费用无法计算或者明显偏低的，处一百万元以上二百万元以下的罚款，并可以由有关部门暂停广告发布业务、吊销营业执照、吊销广告发布登记证件。

广告主、广告经营者、广告发布者有本条第一款、第三款规定行为，构成犯罪的，依法追究刑事责任。

第五十六条　违反本法规定，发布虚假广告，欺骗、误导消费者，使购买商品或者接受服务的消费者的合法权益受到损害的，由广告主依法承担民事责任。广告经营者、广告发布者不能提供广告主的真实名称、地址和有效联系方式的，消费者可以要求广告经营者、广告发布者先行赔偿。

关系消费者生命健康的商品或者服务的虚假广告，造成消费者损害的，其广告经营者、广告发布者、广告代言人应当与广告主承担连带责任。

前款规定以外的商品或者服务的虚假广告，造成消费者损害的，其广告经营者、广告发布者、广告代言人，明知或者应知广告虚假仍设计、制作、代理、发布或者作推荐、证明的，应当与广告主承担连带责任。

第五十七条　有下列行为之一的，由工商行政管理部门责令停止发布广告，对广告主处二十万元以上一百万元以下的罚款，情节严重的，并可以吊销营业执照，由广告审查机关撤销广告审查批准文件，一年内不受理其广告审查申请；对广告经营者、广告发布者，由工商行政管理部门没收广告费用，处二十万元以上一百万元以下的罚款，情节严重的，并可以吊销营业执照、吊销广告发布登记证件：

(一)发布有本法第九条、第十条规定的禁止情形的广告的；

(二)违反本法第十五条规定发布处方药广告、药品类易制毒化学品广告、戒毒治疗的医疗器械和治疗方法广告的；

(三)违反本法第二十条规定，发布声称全部或者部分替代母乳的婴儿乳制品、饮料和其他食品广告的；

(四)违反本法第二十二条规定发布烟草广告的；

(五)违反本法第三十七条规定,利用广告推销禁止生产、销售的产品或者提供的服务,或者禁止发布广告的商品或者服务的;

(六)违反本法第四十条第一款规定,在针对未成年人的大众传播媒介上发布医疗、药品、保健食品、医疗器械、化妆品、酒类、美容广告,以及不利于未成年人身心健康的网络游戏广告的。

第五十八条 有下列行为之一的,由工商行政管理部门责令停止发布广告,责令广告主在相应范围内消除影响,处广告费用一倍以上三倍以下的罚款,广告费用无法计算或者明显偏低的,处十万元以上二十万元以下的罚款;情节严重的,处广告费用三倍以上五倍以下的罚款,广告费用无法计算或者明显偏低的,处二十万元以上一百万元以下的罚款,可以吊销营业执照,并由广告审查机关撤销广告审查批准文件,一年内不受理其广告审查申请:

(一)违反本法第十六条规定发布医疗、药品、医疗器械广告的;

(二)违反本法第十七条规定,在广告中涉及疾病治疗功能,以及使用医疗用语或者易使推销的商品与药品、医疗器械相混淆的用语的;

(三)违反本法第十八条规定发布保健食品广告的;

(四)违反本法第二十一条规定发布农药、兽药、饲料和饲料添加剂广告的;

(五)违反本法第二十三条规定发布酒类广告的;

(六)违反本法第二十四条规定发布教育、培训广告的;

(七)违反本法第二十五条规定发布招商等有投资回报预期的商品或者服务广告的;

(八)违反本法第二十六条规定发布房地产广告的;

(九)违反本法第二十七条规定发布农作物种子、林木种子、草种子、种畜禽、水产苗种和种养殖广告的;

(十)违反本法第三十八条第二款规定,利用不满十周岁的未成年人作为广告代言人的;

(十一)违反本法第三十八条第三款规定,利用自然人、法人或者其他组织作为广告代言人的;

(十二)违反本法第三十九条规定,在中小学校、幼儿园内或者利用与中小学生、幼儿有关的物品发布广告的;

(十三)违反本法第四十条第二款规定,发布针对不满十四周岁的未成年人的商品或者服务的广告的;

(十四)违反本法第四十六条规定,未经审查发布广告的。

医疗机构有前款规定违法行为,情节严重的,除由工商行政管理部门依照本法处罚外,卫生行政部门可以吊销诊疗科目或者吊销医疗机构执业许可证。

广告经营者、广告发布者明知或者应知有本条第一款规定违法行为仍设计、制作、代理、发布的,由工商行政管理部门没收广告费用,并处广告费用一倍以上三倍以下的罚款,广告费用无法计算或者明显偏低的,处十万元以上二十万元以下的罚款;情节严重的,处广告费用三倍以上五倍以下的罚款,广告费用无法计算或者明显偏低的,处二十万元以上一百万元以下的罚款，并可以由有关部门暂停广告发布业务、吊销营业执照、吊销广告发布登记证件。

第五十九条　有下列行为之一的，由工商行政管理部门责令停止发布广告，对广告主处十万元以下的罚款：

(一)广告内容违反本法第八条规定的；

(二)广告引证内容违反本法第十一条规定的；

(三)涉及专利的广告违反本法第十二条规定的；

(四)违反本法第十三条规定，广告贬低其他生产经营者的商品或者服务的。

广告经营者、广告发布者明知或者应知有前款规定违法行为仍设计、制作、代理、发布的，由工商行政管理部门处十万元以下的罚款。

广告违反本法第十四条规定，不具有可识别性的，或者违反本法第十九条规定，变相发布医疗、药品、医疗器械、保健食品广告的，由工商行政管理部门责令改正，对广告发布者处十万元以下的罚款。

第六十条　违反本法第二十九条规定，广播电台、电视台、报刊出版单位未办理广告发布登记，擅自从事广告发布业务的，由工商行政管理部门责令改正，没收违法所得，违法所得一万元以上的，并处违法所得一倍以上三倍以下的罚款；违法所得不足一万元的，并处五千元以上三万元以下的罚款。

第六十一条　违反本法第三十四条规定，广告经营者、广告发布者未按照国家有关规定建立、健全广告业务管理制度的，或者未对广告内容进行核对的，由工商行政管理部门责令改正，可以处五万元以下的罚款。

违反本法第三十五条规定，广告经营者、广告发布者未公布其收费标准和收费办法的，由价格主管部门责令改正，可以处五万元以下的罚款。

第六十二条　广告代言人有下列情形之一的，由工商行政管理部门没收违法所得，并处违法所得一倍以上二倍以下的罚款：

(一)违反本法第十六条第一款第四项规定，在医疗、药品、医疗器械广告中作推荐、证明的；

(二)违反本法第十八条第一款第五项规定，在保健食品广告中作推荐、证明的；

(三)违反本法第三十八条第一款规定，为其未使用过的商品或者未接受过的服务作推荐、证明的；

(四)明知或者应知广告虚假仍在广告中对商品、服务作推荐、证明的。

第六十三条　违反本法第四十三条规定发送广告的，由有关部门责令停止违法行为，对广告主处五千元以上三万元以下的罚款。

违反本法第四十四条第二款规定，利用互联网发布广告，未显著标明关闭标志，确保一键关闭的，由工商行政管理部门责令改正，对广告主处五千元以上三万元以下的罚款。

第六十四条　违反本法第四十五条规定，公共场所的管理者和电信业务经营者、互联网信息服务提供者，明知或者应知广告活动违法不予制止的，由工商行政管理部门没收违法所得，违法所得五万元以上的，并处违法所得一倍以上三倍以下的罚款，违法所得不足五万元的，并处一万元以上五万元以下的罚款；情节严重的，由有关部门依法停止相关业务。

第六十五条 违反本法规定，隐瞒真实情况或者提供虚假材料申请广告审查的，广告审查机关不予受理或者不予批准，予以警告，一年内不受理该申请人的广告审查申请；以欺骗、贿赂等不正当手段取得广告审查批准的，广告审查机关予以撤销，处十万元以上二十万元以下的罚款，三年内不受理该申请人的广告审查申请。

第六十六条 违反本法规定，伪造、变造或者转让广告审查批准文件的，由工商行政管理部门没收违法所得，并处一万元以上十万元以下的罚款。

第六十七条 有本法规定的违法行为的，由工商行政管理部门记入信用档案，并依照有关法律、行政法规规定予以公示。

第六十八条 广播电台、电视台、报刊音像出版单位发布违法广告，或者以新闻报道形式变相发布广告，或者以介绍健康、养生知识等形式变相发布医疗、药品、医疗器械、保健食品广告，工商行政管理部门依照本法给予处罚的，应当通报新闻出版广电部门以及其他有关部门。新闻出版广电部门以及其他有关部门应当依法对负有责任的主管人员和直接责任人员给予处分；情节严重的，并可以暂停媒体的广告发布业务。

新闻出版广电部门以及其他有关部门未依照前款规定对广播电台、电视台、报刊音像出版单位进行处理的，对负有责任的主管人员和直接责任人员，依法给予处分。

第六十九条 广告主、广告经营者、广告发布者违反本法规定，有下列侵权行为之一的，依法承担民事责任：

(一)在广告中损害未成年人或者残疾人的身心健康的；

(二)假冒他人专利的；

(三)贬低其他生产经营者的商品、服务的；

(四)在广告中未经同意使用他人名义或者形象的；

(五)其他侵犯他人合法民事权益的。

第七十条 因发布虚假广告，或者有其他本法规定的违法行为，被吊销营业执照的公司、企业的法定代表人，对违法行为负有个人责任的，自该公司、企业被吊销营业执照之日起三年内不得担任公司、企业的董事、监事、高级管理人员。

第七十一条 违反本法规定，拒绝、阻挠工商行政管理部门监督检查，或者有其他构成违反治安管理行为的，依法给予治安管理处罚；构成犯罪的，依法追究刑事责任。

第七十二条 广告审查机关对违法的广告内容作出审查批准决定的，对负有责任的主管人员和直接责任人员，由任免机关或者监察机关依法给予处分；构成犯罪的，依法追究刑事责任。

第七十三条 工商行政管理部门对在履行广告监测职责中发现的违法广告行为或者对经投诉、举报的违法广告行为，不依法予以查处的，对负有责任的主管人员和直接责任人员，依法给予处分。

工商行政管理部门和负责广告管理相关工作的有关部门的工作人员玩忽职守、滥用职权、徇私舞弊的,依法给予处分。

有前两款行为,构成犯罪的,依法追究刑事责任。

第六章　附则

第七十四条　国家鼓励、支持开展公益广告宣传活动,传播社会主义核心价值观,倡导文明风尚。

大众传播媒介有义务发布公益广告。广播电台、电视台、报刊出版单位应当按照规定的版面、时段、时长发布公益广告。公益广告的管理办法,由国务院工商行政管理部门会同有关部门制定。

第七十五条　本法自2015年9月1日起施行。

附录二

广告活动道德规范

一、总则

第一条 为维护广告市场秩序,促进广告业社会主义精神文明建设,增强广告主、广告经营者、广告发布者及其他参与广告活动的单位和个人的社会公德意识和职业道德观念,依据《中华人民共和国广告法》,制定本规范。

第二条 广告活动道德规范是广告活动的基本道德准则。凡在中华人民共和国境内从事广告活动的广告主、广告经营者、广告发布者以及其他参与广告活动的单位和个人,均应自觉遵守本规范。

第三条 各级工商行政管理机关在维护广告市场秩序,查处违法广告案件的同时,应当注重广告业职业道德建设,引导广告业树立良好风尚。

第四条 广告行业组织应当在工商行政管理机关指导下,积极开展行业自律,教育其成员单位自觉遵守和维护广告市场公平竞争、公平交易秩序,促进广告业职业道德建设。

二、广告主广告活动道德规范

第五条 广告主应当自觉维护消费者的合法权益,本着诚实信用的原则,真实科学地介绍自己的产品和服务。

第六条 广告主应当自觉遵守国家广告管理法律法规和其他有关规定,与其他广告主进行公平、正当的竞争,不得以不正当的方式和途径干扰、损害他人合法的广告活动。

第七条 广告主发布商业广告,应当自觉遵守和维护社会公共秩序和社会良好风尚,不应以哗众取宠、故弄玄虚、低级趣味等方式,片面追求广告的感官刺激和轰动效应,对社会造成不良影响。

第八条 广告主应当按照国家有关规定,积极参加各类公益事业,响应政府主管部门的号召,参与公益广告活动,树立良好的企业形象。

第九条 广告主应当在国家法律、法规的规范内,按照市场经济规律,根据服务质量,选择广告经营者的服务,自觉抵制各种损害企业利益的人情、关系广告业务。

第十条 广告主实行广告服务招标,应当尊重投标者的劳动成果,自觉履行招标承诺,自觉抵制和纠正以虚假招标形式引诱投标者投标,以及窃用投标者的广告策划和创意的不公平交易行为。

第十一条 广告主应当自觉抵制和纠正下列不正当的广告宣传:

(一)依据科学上没有定论的结论来否定他人的产品和服务,借以突出自己的产品和服务;

(二)片面宣传或夸大同类产品或服务的某种缺陷,以对比、联想等方式影射他人;

(三)未经有关部门认定假冒商标的情况下,在各种声明、启事中涉及他人的商标;

(四)擅自使用他人知名商品和服务标志作为陪衬宣传自己的产品和服务,不正当地利用和享用他人的商品声誉和商业信誉;

(五)使用不规范的行业用语或消费者无法熟知的专业术语表示商品的质量、制作成分、性能、用途、产地以及采用的技术、设备等;

(六)使用含糊不明,易使消费者产生歧义的承诺

(七)使用不合法、不科学、不公正的评比结果和奖项;

(八)采用隐去主要事实、断章取义、偷换概念的手法使用有关数据、统计资料、调查结果、文摘和引用语,误导消费者。

三、广告经营者广告活动道德规范

第十二条 广告经营者在广告创意、设计、制作中应当依照有关广告管理法律、法规的要求,运用恰当的艺术表现形式表达广告内容,避免怪诞、离奇等不符合社会主义精神文明要求的广告创意。

第十三条 广告经营者在广告创意中使用妇女和儿童形象应当正确恰当,有利于树立健康文明的女性形象,有利于维护未成年人的身心健康和培养儿童良好的思想品德。

第十四条 广告经营者在广告创作中应当坚持创新与借鉴相结合,继承中华民族优秀传统文化,汲取其他国家和地区广告创作经验,自觉抵制和反对抄袭他人作品的行为。

第十五条 广告经营者为同类产品广告主同时或先后提供广告代理服务,应当保守各广告主的商业秘密,不得为自身业务发展的需要泄漏广告主的商业秘密。

第十六条 广告经营者应当注重广告在社会主义精神文明建设中的作用,坚持商业广告创意设计中的社会主义思想文化导向,积极参与公益广告活动,倡导正确的道德观念和社会风尚。

第十七条 广告经营者应当注重提高经营管理水平和服务质量,依靠不断提高服务质量和商业信誉与广告业建立稳定的业务关系,自觉抵制和纠正下列不正当竞争行为:

(一)利用物质引诱或胁迫等不正当手段获取其他广告经营者的商业秘密;

(二)采用给予广告主经办人好处或竞相压价等手段争夺广告客户;

(三)采用暗中给予媒介经办人财物等不正当手段争取有利或紧俏的时间和版面。

四、广告发布者广告活动道德规范

第十八条 广告发布者发布商业广告应当考虑民族传统、群众消费习惯以及广告受众的

区别等社会因素,合理安排发布时段、版面,依照各类广告的发布标准和社会主义精神文明建设的要求,认真履行广告审查义务。

第十九条 广告发布者应当严格遵守国家关于禁止有偿新闻的有关规定,坚持正确的经营观念,杜绝新闻形式的广告。

第二十条 广告发布者应当严格执行国家有关广告服务价格的管理规定,根据媒介的发行量、收视率等科学依据制订合理的收费方法和收费标准。广告经营者采用招标等特殊方式确定广告价格的,招标方案和办法应当合法、公正,不得利用不正当手段哄抬广告服务价格。

第二十一条 广告发布者应当自觉执行国家关于公益广告宣传有关规定,发挥公益广告宣传社会主义精神文明的积极作用,促进社会主义精神文明建设,树立良好的社会道德风尚。

第二十二条 广告发布者在经营活动中应当自觉抵制和纠正下列行为:

(一)以不正当理由拒绝广告经营者正常客户代理业务,并强制该广告经营者必须通过与其有特殊关系的代理公司进行代理;

(二)违背广告主、广告经营者的意愿搭售时间、版面或附加其他不合理的交易条件;

(三)对不同客户实行不同的收费标准,强制要求客户预付广告费,不按规定的标准返还代理费。

五、各类市场中介机构参与广告活动的道德规范

第二十三条 从事各类广告出证活动的社会团体和商业调查、技术检测、标志认证等市场中介机构,必须具备合法资格,其广告出证行为必须遵循诚实信用原则,出证内容必须真实、合法,不得助长不正当竞争和不公平交易行为。

第二十四条 各类市场中介机构以广告形式公布其推荐、介绍、调查、检测、认证结果的,应将其从事该项活动的依据,采用的方法、方式等向社会公布,自觉接受社会监督。

第二十五条 各类市场中介机构应当保证广告出证行为的客观、公正性,自觉抵制和纠正以牟利为主要的目的广告出证活动,杜绝以收费多少排名、排序,并用于广告误导消费者的现象。

六、附则

第二十六条 违反道德规范,情节严重、构成违法的,工商行政管理机关依照广告管理法律、法规和国家有关规定予以行政处罚;情节轻微的,工商行政管理机关应对其进行批评、教育、监督改正。

第二十七条 广告行业组织对违反本规范的成员,依照行业自律规则予以批评教育,直至取消其行业组织成员资格。

第二十八条 本规范自发布之日起施行

国家工商行政管理局

1997 年 12 月 16 日

后 记

大连市工商行政管理局副局长荣梅参加了本书的策划与部分章节的撰写，大连市工商行政管理局广告处于春波处长为本书提供了相关资料。

本书由崔燕校对，由崔燕负责资料收集；李丹珉、郭静茹等同学参加了本书的撰写。

本书中有时用“国家工商行政管理局”的单位名，有时用“国家工商行政管理总局”的单位名，这是以相关文件中的署名单位为准的。在国家工商行政管理局没有更名为国家工商行政管理总局以前均用“国家工商行政管理局”的单位名，国家工商行政管理局更名为国家工商行政管理总局后则改用“国家工商行政管理总局”的单位名。

本书可以作为广告学专业本科生专业课教材，也可作为广告从业人员的参考书。

本书引用了褚霓霓编著的《广告法实例说》、国家工商行政管理局广告监管司主编的《中国广告法律法规汇编》等相关书中的部分观点与内容。本书中所选用的违法、虚假广告案例分别来自中国消费者网站、人民网、国家工商行政管理总局等，特此向上述作者与提供资料的单位表示真诚的感谢。

感谢中国传媒大学出版社再次修订出版本书，感谢诸位编辑老师为本书的出版付出的辛勤劳动。

本书是集体智慧的成果，由多位老师共同撰写完成。具体撰写情况如下：

第一章、第二章第一节、第六章由崔银河撰写。

第二章第二节、第三节、第四节、第五节由和钰撰写。

第三章、第四章、第五章由王芳菲撰写。

图书在版编目(CIP)数据

广告法规与广告伦理 / 崔银河编著. -- 2 版. -- 北京:中国传媒大学出版社, 2017.5
(2024.1 重印)
(21 世纪广告学实用教材)
ISBN 978-7-5657-1916-5

Ⅰ. ①广… Ⅱ. ①崔… Ⅲ. ①广告法 - 中国 - 高等学校 - 教材 ②广告学 - 伦理学 - 高等学校 - 教材 Ⅳ. ①D922.294 ②B82 - 053

中国版本图书馆 CIP 数据核字(2017)第 027533 号

广告法规与广告伦理(第二版)
GUANGGAO FAGUI YU GUANGGAO LUNLI (DI-ER BAN)

编　　著	崔银河		
策划编辑	阳金洲　程　平		
责任编辑	程　平		
责任印制	李志鹏		
出版发行	中国传媒大学出版社		
社　　址	北京市朝阳区定福庄东街 1 号	**邮　　编**	100024
电　　话	010-65450532　65450528	**传　　真**	65779405
网　　址	http://cucp.cuc.edu.cn		
经　　销	全国新华书店		
印　　刷	北京中科印刷有限公司		
开　　本	787mm × 1092mm　1/16		
印　　张	10.25		
字　　数	170 千字		
版　　次	2017 年 5 月第 2 版		
印　　次	2024 年 1 月第 5 次印刷		
书　　号	ISBN 978-7-5657-1916-5/D · 1916	**定　　价**	29.00 元

本社法律顾问:北京嘉润律师事务所　郭建平